UNIVERSITÉ DE RENNES — FACULTÉ DE DROIT

POPULATION & COLONIES

(Aspects économiques et sociaux de ce double problème)

THÈSE DE DOCTORAT (Sciences politiques...)

SOUTENUE LE 4 JUILLET 1898

Par H. COMBY

Sous-Commissaire de la Marine

EXAMINATEURS :

MM. VIGNERTE.
TURGEON.
BODIN.

NANTES
IMPRIMERIE SALIÈRES
10, RUE DU CALVAIRE, 10

1898

POPULATION & COLONIES

(Aspects économiques et sociaux de ce double problème)

UNIVERSITÉ DE RENNES — FACULTÉ DE DROIT

POPULATION & COLONIES

(Aspects économiques et sociaux de ce double problème)

THÈSE DE DOCTORAT (Sciences politiques...)

SOUTENUE LE 4 JUILLET 1898

Par H. COMBY

SOUS-COMMISSAIRE DE LA MARINE

EXAMINATEURS :

MM. VIGNERTE.
TURGEON.
BODIN.

NANTES
IMPRIMERIE SALIÈRES
10, RUE DU CALVAIRE, 10

1898

POPULATION ET COLONIES

SOMMAIRE :

PREMIÈRE PARTIE

Aspects économiques

SECONDE PARTIE (Traitée séparément)

Aspects coloniaux

ERRATA

Lire, page 36, ligne 21 : piété
— 45, — 22 : (note) *help for life*
— 47, — 1 : (note) *de maritandis*
— 53, — 3 : (note 2) remarquable
— 65, — 2 : (note 2) agrarien
— 75, — 3 : (note) Loi du 30 novembre
— 93, — 18 : virgule après *non*
— 97, — 3 : Si ce n'est *à la suite d'*une

POPULATION ET COLONIES

"*Primùm Vivere*"

AVANT-PROPOS

I

Les questions de population, qui sont d'ordre général et universel, offrent un intérêt tout particulier pour notre pays.

La population est un aspect essentiel de toutes les questions économiques. La production et la consommation sont, en effet, les deux termes de toute l'activité sociale et la population en est, à la fois, l'agent et l'objet, le bien de l'homme et de chaque homme devant être, en tout cela, recherché et assuré.

La population se trouve, en France, dans un état des plus languissants.

Il serait fort utile qu'une telle question fût traitée dans ses rapports avec les principaux modes de l'activité nationale : le travail agricole, le travail industriel, le travail colonial seraient, notamment, des sujets d'étude indiqués, On aurait ainsi :

La Population et l'Agriculture ;
La Population et l'Industrie ;
La Population et les Colonies, etc.

Ce dernier sujet nous paraît être d'un indiscutable à propos, en ce qui concerne notre avenir immédiat.

Le problème colonial sera envisagé avec d'autant plus de décision et de juste gravité que les appartenances morales et les conséquences pratiques de celui de la population auront été plus sérieusement méditées.

II

L'émigration et, particulièrement, la colonisation, sont les moyens les plus propres à modifier favorablement ce que la situation démotique et la situation économique peuvent avoir de fâcheux.

Notre pays a-t-il les moyens de s'acquitter avec succès de la tâche coloniale ? Oui, il possède, outre-mer, de vastes domaines diversement situés, aptes d'emblée, en beaucoup de régions, au peuplement européen et susceptibles, ailleurs, d'une fructueuse exploitation, nécessitant la présence de nombreux agents de la métropole.

Ces domaines coloniaux seront un champ d'exportation très fécond pour nos capitaux. En France, pays de vieille industrie, l'argent est très abondant et peu productif; il faut le faire émigrer dans nos possessions où il trouvera les loyers les plus rémunérateurs. Il y jouira d'une sécurité d'autant plus grande que nos nationaux seront plus nombreux dans les entreprises auxquelles il sera affecté, et autour d'elles.

L'émigration des colons a besoin d'être, dans le principe, encouragée. Aussi les capitaux, comme c'est leur intérêt, doivent-ils se mettre, ou être mis à contribution, pour y aider. — A défaut d'initiative privée et en attendant qu'elle s'organise, cette contribution doit être indirectement réalisée par la création d'un Budget de la Colonisation.

Il faut émigrer le plus possible pour nationaliser le plus possible de terres vacantes ou non encore civilisées.

En résumé :

1° Qu'est-ce que la Population ?

2° Pourquoi et comment faut-il coloniser ?

Ces deux questions, particulièrement envisagées à leur point de vue national et économique, feront l'objet de notre étude et seront séparément traitées.

PREMIÈRE PARTIE

CHAPITRE PREMIER

La population en général et la population au point de vue économique.

Après être longtemps demeurée une préoccupation d'ordre spéculatif, la question de la population est devenue, dans notre pays, et pour chacun, un sujet de patriotiques soucis.

A son point de vue général, c'était quelque chose de mieux qu'une simple dissertation d'école. Le problème social, on peut même dire, le problème humain par excellence, n'est-il pas, en effet, celui du travail, cette main mise progressive de l'homme sur les éléments dont il est environné ? Renforcé dans son action par le double progrès du peuplement et du perfectionnement mécanique et professionnel, ce travail modifie les aspects divers comme les productions de la nature, la soumettant, peut-on dire, à un véritable anthropomorphisme (1), à une mise en demeure de ne rien fournir que dans un ordre et suivant une mesure fortement marqués par la volonté de celui qui a pu se proclamer son roi, car il s'est vraiment acquis le magistère du globe.

A la Nature, l'Homme demande toujours davantage, car son espèce se multiplie ; il demande toujours davantage, car chaque

---

(1) C'est ainsi l'humanisation du globe qui se poursuit et qui sera le terme dernier de la colonisation et, à la fois, de la civilisation.

progrès, chaque conquête sur ce milieu qui le soutient et dont il vit, ne fait qu'accroître et diversifier ses désirs, en lui créant ainsi de nouveaux besoins. — Les merveilleux résultats de cette constante recherche ont de tout temps frappé les esprits. De là viennent, en effet, ces épanouissements successifs des forces et du génie du genre humain, qui forment les majestueux degrés de sa lente ascension vers le but, lointain encore, où l'appelle sa destinée. — Certains âges, certains siècles en ont reçu et gardé des appellations particulières ; la civilisation semblait alors briller d'un éclat plus vif et l'histoire, à laquelle il faut des noms, en a nimbé le front de ses grands hommes.

Il y a, dans ces événements, comme le spectacle d'une marche triomphale de l'humanité à travers les Ages et la Nature ; les fruits toujours plus beaux et toujours plus nombreux du travail et de l'industrie sont les dépouilles opimes dont se pare le vainqueur. — Le progrès vient ainsi former à l'homme un trône de plus en plus élevé, du haut duquel il domine les forces, enfin asservies, qui avaient si durement opprimé nos lointains ancêtres.

Si considérable que soit ce résultat, si flatteur qu'il puisse être pour notre amour-propre, il ne doit point séduire notre esprit au point de lui faire perdre de vue une autre conséquence non moins importante de cette poursuite assidue, de ce constant souci du progrès. — Plus l'homme gagne sur la nature, plus s'élargit le domaine dans lequel il peut vivre et prospérer. Dans chaque apparition d'une richesse [1] nouvelle, d'un produit nouveau, dans toute conquête économique, la réflexion nous montre qu'il y a deux parts à faire. — Le progrès réalisé doit tout d'abord servir à améliorer le sort de chacun des membres de la communauté humaine, en ajoutant à son bien-être matériel et en relevant sa condition intellectuelle ; mais il est non moins indispensable, il est même d'une moralité supérieure, de ne pas s'en tenir à ce but, lequel ne dépasserait pas les postulats de l'égoïsme personnel. Il faut envisager la destinée de l'homme tout entière. L'humanité n'appartient ni à un lieu, ni à une époque ; dans sa forme la plus perfectionnée, elle doit s'étendre sur tout le globe et y régner, dès lors, pendant une

---

(1) Carey a dit fort justement de la richesse que c'est « la mesure du pouvoir par nous acquis sur la nature ». (*Princip. of soc. Science*).

période dont la durée soit en harmonie avec sa dignité et la grandeur de l'effort qui l'aura élevée à cette domination.

On a dit, et ce mot a pu sembler fort prétentieux, que l'homme est le « prêtre de la nature ». Moins pompeuse, mais non moins digne est l'expression familière à la sagesse du plus vieux des peuples : pour le Chinois, la terre, c'est le « corps de l'humanité ». — Assurément, la terre est le corps de l'humanité, comme l'homme est la spiritualisation, la condensation supérieure de la force répandue à travers tout le globe. On peut dire que la terre aspirait à la création de l'homme (1). — S'il est permis, sans faire sourire, de parler du concert des mondes qui peuplent l'espace, de rappeler la grandeur du sens qui s'attache à ces mots : « cosmos », « univers, » et à laquelle, pourtant, on doit se sentir toujours prêt à rendre hommage, il faut ajouter que le plus beau spectacle que puisse présenter notre si modeste territoire du ciel, est celui du plus grand nombre d'hommes possible, y vivant de la façon la plus élevée et la plus heureuse possible.

C'est en ces termes que se pose le problème de la population.

Ainsi, nous n'estimerions pas que tout fût dans l'ordre si, grâce à des connaissances toujours plus grandes, tournées vers la production de commodités plus nombreuses et plus parfaites, une petite fraction de l'humanité, serait-elle une élite, se trouvait élevée à un degré éminent de civilisation, marqué même par le raffinement, alors qu'elle n'aurait été portée à cet état et ne s'y trouverait maintenue que par l'incessant labeur de la foule des misérables (2), outils animés et serviles, ne gardant de l'homme que ce qui peut affliger l'humanité en lui donnant le spectacle de la dégradation de ceux qui étaient nés des « égaux » et qui auraient dû rester des

---

(1) L'homme individuel, dit Buffon, prend connaissance du genre humain et de lui-même et devient le genre humain et l'univers, pour ainsi dire.

(Les Epoques de la Nature).

(2) « Toutes les institutions, disait Condorcet (Esquisses...) doivent avoir pour objet l'amélioration physique, intellectuelle et morale de la classe la plus nombreuse et la plus pauvre. »

Or, la foule des déshérités est encore vraiment bien grande. Combien en sont à ignorer la satisfaction de l'animal qui peut boire et manger à plein besoin! Et cette misère physique, qu'est-elle auprès de l'ultime abjection morale d'un être fait, lui aussi, pour les justes orgueils de l'intelligence et qui peut mourir sans avoir vu naître son âme. Ces excès doivent disparaître de toute civilisation digne de ce nom.

« frères ». — *Similia, similibus,* dirions-nous dans un sens tout spécial de justice distributive ; gardons à nos semblables un traitement semblable aussi. Pour rester dans le sujet qui nous occupe, complétons cette pensée, en ajoutant que la grandeur de notre espèce tient surtout dans la dignité intellectuelle et morale de chacun de nous, ajoutant que, dans les limites où la terre pourra fournir l'élément matériel nécessaire à une subsistance largement comprise, il faut favoriser, avant et par dessus tout, l'apparition de ce qui est, en définitive, la plus vraie et plus indiscutable richesse, la richesse supérieure de la terre, l'homme lui-même.

Telle est, évidemment et comme finalité, la raison de la présence de l'homme sur le globe. Mais si nous nous détachons de ce point de vue de l'humanité en général, trop spéculatif, peut-être, et trop abstrait pour fournir des conclusions pratiques et agir sur les esprits, nous nous trouvons aussitôt en présence de ces grandes divisions qui se partagent le monde, de ces organismes politiques qui sont les nations, les empires ou les royaumes, des Etats, enfin, ce mot indiquant la reconnaissance d'une loi et d'un pouvoir uniques, par de grandes agglomérations d'hommes, généralement de même origine et de même civilisation, frères sans doute, mais souvent frères ennemis.

C'est ici qu'il faut prendre un parti et qu'il importe d'éviter des erreurs de doctrine. Si la période à laquelle nous nous trouvons rendus a été précédée de longs âges pleins de troubles et de violences, où la force seule pouvant imposer la cohésion, assigner des frontières et les faire respecter, devait, par suite, résider dans une autorité personnelle, prenant sa force dans l'arbitraire, le siècle qui s'achève aura vu la souveraineté faire partout retour au peuple qui seul en était la raison d'être. — Les hommes ont réclamé ou proclamé des constitutions pour régler leur état politique ; les représentants qu'ils se sont choisis ont pareillement, et à peu près partout, sanctionné ou bien renouvelé les lois organiques du pacte social [1]. — Les abus dont les citoyens peuvent souffrir encore, ils ne doivent, s'ils se maintiennent, que les imputer à leur propre

---

(1) Il nous semble qu'on soit fort excusable de ne pas comprendre les critiques ou les railleries, dont, en tant que conception du moins, on a voulu accabler la théorie du « Contrat social ». L'erreur, que Rousseau tenait des physiocrates, était de penser que l'homme naît naturellement bon et que le mal moral vient de la société. Il n'en est

négligence. *Patere legem quam fecisti !* pourrait-il être répondu à quiconque aurait des griefs à formuler.

Les lois ne sont pas, assurément, toutes puissantes ; elles n'agissent point par quelque effet de leur vertu propre, et par une sorte d'automatisme [1] qui suppléerait à l'initiative des individus ; elles soutiennent, néanmoins, les mœurs dont elles sont issues, leur prêtant même une vigueur qui leur survit. Elles sont ainsi, à une société, ce qu'un bâton peut être au voyageur ; le bâton ne serait rien sans la main qui le porte, mais son efficacité se distingue très bien de l'effort du bras qui l'a saisi et se l'est adapté.

Ces nations, ces états que nous avons ainsi à considérer, ont à leur disposition une force d'une singulière énergie. Ce ne serait pas assez de dire que tout le pouvoir dont aient pu jamais jouir les despotes et les dynastes leur a été déféré. — La tyrannie des époques barbares fut surtout d'ordre matériel. — Elle armait ou enchaînait les bras. Sous la réserve nécessaire laissée aux libertés individuelles, l'empire de la loi est aujourd'hui beaucoup plus vaste et porte beaucoup plus loin que n'aurait jamais pu prétendre une fantaisie d'autocrate. Aucune époque n'a connu et vu édicter autant d'obligations que la nôtre. Jamais le caprice d'un tyran n'aurait pu imaginer autant d'entraves que nous devons en subir. Lois, décrets, règlements, arrêts de jurisprudence et d'administration, actes d'autorité de tout ordre, tout ce qui équivaut à la loi elle-même, puisqu'il implique ordre de faire ou de s'abstenir, et dont l'énumération seule suffit à remplir des volumes, à quoi ne nous faut-il pas obéir, au nom de notre propre intérêt [2] ? Telle est devenue, en

pas moins vrai que c'est *volontairement* que les hommes sont *restés associés*. Il y a donc contrat implicite, tacite, comme tous les Codes en reconnaissent, contrat immuable dans son principe, modifiable dans ses applications. — L'homme qui avait pris pour devise : « *Vitam impendere vero,* » et qui avait commencé par écrire : « La vraie philosophie, c'est de rentrer en soi-même, » ne pouvait pas se tromper aussi lourdement qu'on le lui a reproché.

« Trouver une forme d'association qui défende et protège de toute la force commune la personne et les biens de chaque associé, et par laquelle chacun s'unissant à tous, n'obéisse pourtant qu'à lui-même et reste aussi libre qu'auparavant. » C'est ainsi que Rousseau pose le problème du *Contrat social.* Pouvait-on mieux dire ?

(1) « La forme de l'organisation est, à elle seule, une puissance, mais croire qu'elle suffit à tout est une sorte de fétichisme que nous devons nommer *automatisme.* » (Maurice Block. — *L'Europe politique et sociale* (introduction).

(2) « *Ut olim vitiis, nunc legibus laboramus* ». (Tacite. — Ann. III-25).

effet, la complexité du fait social que la personnalité humaine s'y trouve comme submergée.

On est donc fondé à dire que si quelque point, important particulièrement à la prospérité ou à l'avenir d'une communauté politique, nom qui convient à un État moderne, est estimé mal réglé, le dommage qui en résulte est entièrement imputable à cette communauté même. — La responsabilité s'en trouve partagée entre chacun de ses membres et les autorités préposées à la garde des intérêts collectifs. Ici, l'initiative personnelle, là ce sera la vigilance qui se trouveront en défaut.

Que le peuple en lui-même (1) et pour lui-même doive être le principal objet de la sollicitude des autorités sociales, cette finalité supérieure n'a jamais été contestée et les moralistes, comme les orateurs sacrés ou profanes l'ont, et souvent avec éloquence, rappelé aux Pouvoirs même les plus absolus. — C'est, néanmoins, à une préoccupation toute moderne que répond ce problème de la population, et, chose vraiment digne de remarque, cette préoccupation s'est portée d'abord vers des éventualités d'ordre diamétralement opposé aux craintes, qu'en maints eudroits, on est aujourd'hui fondé à concevoir.

A l'époque, récente encore, où la doctrine économique achevant de prendre forme, s'organisait en dogmatisme et appelait à son école les générations nouvelles, un incroyable prestige fut, de l'autre côté de la Manche surtout, attaché aux mots de richesse et de production. C'étaient des entités dont la trouvaille ne rendait pas moins fier que ne l'eût fait la découverte d'un autre nouveau monde. Activer l'une pour accumuler l'autre, voilà de quoi il fallait s'occuper. Vraiment, les économistes s'étaient mis à rêver d'amoncellements de biens qu'on devait craindre de voir entamer, et de greniers d'abondance auxquels il fallait mettre du scrupule à toucher. — Ces masses ouvrières ou populaires, sans prévoyance et sans retenue, où, alors que le pain quotidien du couple était à peine assuré, surgissaient des enfants dont l'existence allait être un problème, étaient durement semoncées par les porteurs de la bonne parole.

---

(1) Et non seulement les générations actuelles, mais aussi la race tout entière, ou la nation telle que le lien historique nous la fait concevoir.

« Qu'on les laisse à leur punition, s'écriait l'initiateur de ce singulier évangile, c'est d'une misérable ambition que de vouloir arracher ses verges à la Nature qui les a condamnées à souffrir. » — On était chrétien, pasteur d'âmes même, et on ne voulait pas aller jusqu'à parler du « barathron » : on n'affirmerait pas cependant que le sort réservé aux petits de nos fidèles, mais parfois encombrants commensaux, n'ait hanté certains esprits, tellement ils se montraient choqués et si vive était leur aversion pour ce détestable désordre.

Seuls, aujourd'hui, quelques amateurs de statistique, plus curieux de chiffres que soucieux de vraisemblance, s'amusent à faire le calcul du charbon et du bois qui nous reste à brûler; du blé, du riz, de la viande et des autres subsistances que nous pouvons attendre de l'agriculture, et après avoir supputé combien, du train dont vont les mariages et les naissances, il y aura, en l'an deux mil et tant, de convives au banquet de la vie, nous donnent la petite mort en nous disant : « Vous n'aurez plus un morceau de rien ; » dévastée et dévorée dans les racines de tout, comme une plaine » après un passage de sauterelles, cette terre ne sera plus qu'un » « radeau de la Méduse », voguant dans la stérilité morne des » cieux et promenant à travers l'espace le spectacle d'une agonie » sans recours, à moins que la planète ne soit, de loin en loin, » allégée par quelques salutaires égorgements et d'indispensables » hécatombes. » — Laissons ces « Frères, il faut mourir » à leur désolante arithmétique ; la rhétorique des statisticiens n'est pas gaie : ce n'est, heureusement, que de la rhétorique. La Terre est jeune, l'Homme du moins ; avant de songer à mourir, il lui reste d'apprendre à vivre.

Nous aurons à revenir d'une façon spéciale sur cette si importante question de la population et de la subsistance. Bornons-nous à dire que, pour le présent et en ce qui, tout au moins, concerne notre pays, c'est d'un souci d'ordre tout inverse que nous devons être possédés. — Les esprits, néanmoins, mettent beaucoup de lenteur à s'ouvrir aux préoccupations de cette dernière sorte. C'est là une résultante des dispositions qui dominent aujourd'hui partout. Une forte natalité impliquerait, en même temps que plus de labeur ou de privations, des résolutions et des pratiques autres que celles qui sont entrées dans nos mœurs.

C'est l'étude de ce que nous considérons comme le principal et même suffisant remède d'une telle situation qui fera l'objet de la seconde partie de ce travail. — Il reste à dire quelques mots encore de cet esprit d'abdication et d'inertie qu'on déplore de voir régner aujourd'hui chez nous. — L'homme n'agit, ne travaille, ne progresse, que sous l'aiguillon d'un besoin ou devant le prestige d'une ambition. — Nos besoins, nous les avons, il est vrai, élargis, mais nous avons encore plus rétréci nos ambitions. Revenant à la comparaison dont nous avons déjà usé, nous dirons que pour être plus sûrs que la table sera mieux servie et que les plats seront plus abondants, nous aimons autant nous y trouver en peu nombreuse compagnie.

Le mal est, néanmoins, signalé ; le péril est dénoncé comme prochain, imminent, nous en voyons les signes avant-coureurs : nulle émotion pourtant dans le pays, aucune résolution hardie, aucune initiative généreuse : en vérité, semble-t-on penser à part soi, « ceci durera bien autant que nous, laissons dire les Cassandre, et après nous le déluge ! »

Le déluge ! assurément ; car si les cataractes du ciel sont épuisées, et si les eaux sont désormais enchaînées aux abîmes, il est d'autres flots non moins menaçants, il est une autre mer non moins tempêtueuse dont tout le danger est pour nous. — Dès que s'accuse une différence de niveau de part et d'autre de deux flots, de deux réservoirs d'hommes, des infiltrations traversent la digue ou la frontière, de plus en plus fortes à mesure que s'accentue la dénivellation perturbatrice de l'équilibre. Du moment où cette différence deviendra trop forte, tout ouvrage sera emporté. — Il y a, agissant dans ce sens, une force irrésistible, aussi mécanique et fatale, dirions-nous, que celle de la poussée des éléments liquides et qu'on n'arrête, qu'on ne conjure pas plus que la chûte des torrents et les débordements des grandes crues. La dépression du sol appelle l'inondation, celle de l'air la tempête ; la dépopulation appelle l'invasion ; nous ajouterons qu'elle la justifie (1).

N'importe le conflit que l'on veuille imaginer. On ne trouvera

---

(1) « La politique des races est impitoyable, dit le docteur allemand Rommel : le moment approche où les cinq fils pauvres de la famille allemande, alléchés par les ressources et la fertilité de la France, viendront facilement à bout du fils unique de la famille française. — Quand une nation grossissante en coudoie une plus clairsemée

jamais que deux droits en présence, de quelque nom qu'on se plaise à les appeler : le droit du premier occupant et le droit du plus fort. L'un est d'ordre statique et l'autre d'ordre dynamique. L'un, c'est la résistance, et l'autre, l'agression. — Il ne suffirait pas de dire que l'attaque est injuste et que la force du droit doit agir en faveur de la résistance. — Ce qui crée le droit, c'est le fait d'exister ; avoir plus d'être et de vie, c'est avoir plus de droit, et le maximum de vitalité confère le maximum de droit. *Primum vivere.*

Imaginez un pays fertile, heureusement situé, favorisé par le climat et dont les habitants s'enorgueillissent d'être parvenus à un haut degré de civilisation. Supposons aussi que le souci de leur bien-être soit devenu leur principale préoccupation. — Bien doués, d'ailleurs, de cette sorte de prudence dont on a voulu faire une vertu économique, ils pratiquent une sage « prévention » et n'arrive, chez eux, au « banquet de la vie », à ce fameux banquet qui n'est point, à tout prendre, une simple image de style, que juste ce qu'il faut de convives pour que l'assistance soit gaie, sans avoir à se serrer les coudes, ni à se priver de reprendre du meilleur. — Dira-t-on qu'au milieu de ces heureux, de ces sages et de ces fleurs, parmi lesquels circulent, avec les coupes, les plus brillants et les plus ingénieux propos, réside, *beati possidentes!* la majesté elle-même du droit ? *Mane — Thecel — Phares !* L'ennemi était aux portes de la Cité ; il a pesé sa force, fait le compte de ses richesses, il va se partager tout ce qui est bon à prendre. Il est le plus fort : il va « faire la loi ». On ne l'a jamais autrement faite, nous ne dirons pas, entre peuples, mais au sein même de n'importe quelle société politique, où des distinctions de classes auront, en droit, ou simplement en fait, continué à subsister.

Un peuple, aurons-nous donc à dire, ne résiste pas à un autre peuple par la simple affirmation de son Droit. Une classe, un ordre social ne résisteront pas longtemps à un autre groupe social par la seule invocation de la Loi. — Il faut payer de sa personne, il faut, suivant le mot si vrai de Carlyle, « payer de sa vie ». Il n'est de bon

---

qui, par suite, forme centre de dépression, il se forme un courant d'air, vulgairement appelé *invasion, phénomène pendant lequel la loi et la morale sont mises provisoirement de côté* ». — Chaque peuple a la rhétorique qui lui plaît le mieux. Celle-ci, nous savons nos voisins tout prêts à en mettre la *morale en action*.

rempart que celui des « gros bataillons », comme il n'est de bon droit que celui du travail.

Ces considérations d'ordre général ont paru nécessaires pour mettre en lumière l'importance de la question que nous nous sommes assigné de traiter, en définir ce que nous appellerons la « moralité » et pressentir le sens et la portée des conclusions qui viendront à s'imposer.

Nous aurons à donner, d'ailleurs, d'autres raisons tout aussi pressantes de la nécessité où se trouve notre pays de fournir des preuves d'une nouvelle vitalité. Le partage du monde barbare : les deux tiers du globe et la moitié de l'espèce humaine, vient de s'ouvrir — Grâce à son passé, à ses traditions et aussi à des aspirations qui lui font honneur et témoignent d'une rassurante ambition, notre pays a gardé, conquis, ou s'est fait reconnaître une vaste part dans l'immense héritage qui était réservé à la race dont nous sommes.

Ce que nous voyons, ce qui se prépare, aucune autre époque de l'histoire n'en fournirait l'équivalent. Les rêves les plus ambitieux des politiques et des conquérants des âges passés ne sont-ils pas réellement mesquins à côté de la véritable apothéose de domination dont un peuple voisin vient de nous donner le spectacle jubilaire ?

Or, il dépend de deux ou trois autres peuples de réaliser rapidement un empire presque aussi enviable, sinon, même, fondé sur des bases plus solides. La France est un de ces peuples privilégiés et son lot est, entre tous, heureusement pris ou esquissé. Sa politique s'efforce à lui donner les lignes fermes qui lui font encore défaut ; un bonheur ordinaire suffira pour mener à bien cette tâche — Nous serons-nous assigné une carrière qu'il serait réservé à d'autres de parcourir, et le flambeau que nous tenons en main, devrons-nous l'abandonner à des rivaux plus persévérants et plus énergiques ? Les terres, les peuples qui nous attendent, sera-ce la gloire d'autres que nous de les féconder et de les civiliser?

Qu'avons-nous, que nous manque-t-il ? Nous avons un empire colonial, un véritable empire, nous avons l'argent, beaucoup d'argent. Ce qui nous manque, c'est, pour fonder et vivifier la « plus grande France », des hommes, des colons de notre sol pour tout le sol qui s'offre à nous, pour aller affirmer et montrer par leur présence que c'est bien une vérité de dire : « Là où est le drapeau, là est la France » !

CHAPITRE II

Un double problème. — La France en Europe et la France dans le monde.

Si une préoccupation d'ordre général et universel, celle que fait naître la question sociale, s'impose aujourd'hui à tous les esprits, il en est une autre plus spéciale dont l'intérêt est sans doute, pour nous, plus pressant encore. Il y a là, semble-t-il, en effet, une question particulière à notre pays.

On peut dire que tous les peuples et tous les esprits cultivés sont en collaboration tacite, mais effective, pour trouver une solution équitable à la première question, alors que la seconde, nous avons, nous, Français, la charge de la résoudre, non seulement avec nos propres forces, mais encore dans notre sens, c'est-à-dire, souvent à l'encontre de peuples voisins ou simplement rivaux. Cette question, cette cause, est celle de notre légitime expansion dans le monde, si nous voulons garder la juste ambition d'y jouer un rôle digne de notre civilisation et de notre passé. Ce sera celle de notre stricte conservation, si, dans le progrès général, nous nous bornons à maintenir notre état actuel : c'est toujours, à un degré plus ou moins étroit, une question de population.

Chacun sait quelles sombres perspectives s'ouvrent aujourd'hui pour notre nation. Ce serait déjà grave, ce serait un symptôme bien affligeant si, dans ce mouvement qui porte les races supérieures à répandre à travers le monde le flot de leurs émigrants ou de leurs colons, nous allions d'un pas moins rapide vers un but qui ne répond point seulement à des vanités de sentiment national, mais qui est bien plus noble et plus élevé puisqu'il est l'accomplissement d'une destinée supérieure.

Que sera-ce, si nous restons indifférents à cette universelle émulation, immobiles dans ce progrès? Qu'arriverait-il si, tournant même enfin le dos au but, non seulement nous nous laissions diminuer par l'inertie, mais en venions à nous entamer encore par le recul? Mot honteux, chose plus honteuse encore, dont la décade qui va s'achever aura donné quatre fois au monde le spectacle pour nous si humiliant! — Alors qu'à notre frontière un Etat qui ne peut, quant à présent, être que notre ennemi, voit s'accroître de plus d'un demi-million tous les ans, le nombre de ses sujets, chez nous, l'œuvre de mort a pu quatre fois dépasser l'œuvre de vie (1). — Une dernière statistique nous a ouvert une perspective plus rassurante ; nous est-il permis d'y voir le premier élan destiné à nous arracher à la pente qui nous portait à l'irrémédiable chute? — Près de cent mille excédents en faveur de la natalité! Il n'en eût pas fallu davantage, au cours des deux dernières décades, pour nous donner la moisson de colons dont la diffusion aurait vivifié nos conquêtes.

Certes, à l'annonce des tristes bilans que nous venons de connaître, l'opinion s'est enfin émue ; publicistes et hommes d'État ont projeté un cri d'alarme. Mais alors qu'il semblait que dans une si profonde calamité, dans une conjoncture qui est bien la pire des détresses, l'opinion eût dû rester en éveil, que les pouvoirs eussent dû agir, qu'il eût fallu crier, comme à Rome : « La République est en danger » ! et tout subordonner à l'urgence de conjurer un tel

(1)

Années	MARIAGES	DIVORCES	NAISSANCES	DÉCÈS	EXCÉDENT DES NAISSANCES	EXCÉDENT DES DÉCÈS
1887	277.060	3.636	899.333	842.747	56.536	»
1888	276.048	4.708	882.639	837.807	44.732	»
1889	272.934	4.786	880.579	794.933	85 646	»
1890	269.332	5.457	838 059	876.505	»	38.446
1891	285.458	5.752	866.377	876.882	»	10.505
1892	290.319	5.772	855.847	875.888	»	20.041
1893	287.294	6.484	874.672	877.526	7.146	»
1894	286.662	6.419	855.388	815.620	39.768	»
1895	282.218	6.743	834.173	851.986	»	17.813
1896	290.171	7.051	865.586	771.886	93.700	»
Excédent des naissances…………………					230.763	

En remontant jusqu'à 1871, on trouve un chiffre moyen général de 907.000 naissances pour 852.000 décès. Si donc, en 1896, il y a eu gain du côté des décès, il reste un déficit sensible en ce qui concerne les naissances. Le nombre des mariages célébrés en 1896 permet de penser que la balance de 1897 sera encore favorable à la natalité.

péril, l'impression, si elle avait frappé une autre fibre, ne semble pas avoir plus persisté que celle qui nous viendrait des événements les plus divers, pourvu que la forme en soit dramatique : quelque inondation, l'incendie d'un théâtre, la trahison d'un soldat ou d'autres qui seraient moindres encore.

Si la dernière statistique a été bonne pour notre pays, aucun indice, et la surprise qu'elle nous a causée en est une preuve, n'est venu montrer que ce résultat puisse être attribué à quelque progrès de nos mœurs. — La vie est bonne, malgré tout, *carpe diem*. Le mal, en effet, vient de loin, et il faudrait le tenir pour incurable, si l'on ne songeait que tout se tient et réagit mutuellement, aussi bien dans un organisme politique et social que dans l'ordre physiologique. Il suffit souvent d'un bon régime, d'une bonne hygiène, ou bien d'un remède en apparence assez indifférent, parfois même paradoxal, pour combattre une entité morbide avec efficacité ; tel est le cas lorsque nous disons que la dépopulation peut être conjurée par l'émigration.

Ce dont nous manquons évidemment et par dessus tout, c'est de ressort physique et moral ; on pourrait même dire que nous man-

---

Mais, à un autre point de vue, la proportion d'un divorce par 40 unions n'est pas un indice bien rassurant.

Que se passe-t-il en Allemagne ? Grâce à son taux de natalité et au chiffre actuel de sa population, ce pays enregistre deux fois plus de naissances que le nôtre : près de 1.800.000 pour moins de 900.000 — Quelle sécurité cela ne donne-t-il pas à son attente ! — En 1800, nous avions 33 naissances vivantes par 1.000 habitants, 31 sous la Restauration, 27 en 1850 ; en 1895, nous sommes descendus à 21,6 — En Allemagne, en Autriche, en Italie, le taux est voisin de 38 p. ‰. Il est de 33 en Angleterre — Le chiffre des mariages, ni même celui des mariages féconds, et ceci est bien caractéristique, n'a pas cependant diminué chez nous, d'une façon appréciable du moins. Le « couple français » cherche visiblement, à s'en tenir à l'unique rejeton, à l'« enfant phénix » — Double mal, car la plupart du temps, et par le simple fait de l'éducation, que deviendra le petit phénomène ? En règle générale, « il parasitera », c'est-à-dire qu'il s'en tiendra au revenu que ses parents lui auront légué, sans chercher à faire fructifier, par son travail personnel, l'héritage ainsi reçu. Surtout se gardera-t-il bien de se charger de postérité.

Au cours de la période décennale 1885-95, l'augmentation de la population européenne a été de 29.923.000 individus, soit 8,8 ‰ de croît moyen annuel ; celui de la France a été de 1,7. En 1885, nous venions au 4e rang pour le chiffre de la population (37.627.000 hab. contre 36.682.000 à l'Angleterre). En 1895, la France a possédé 38.343.000 habitants et l'Angleterre 39.134.000. L'augmentation anglaise a été de 66 % (Suisse 25, Allemagne, Belgique 96, Hollande 120). Depuis la guerre de 1870, les Allemands ont gagné 15 millions d'habitants.

quons de morale tout court — Suffirait-il pourtant de livrer un pays à un hygiéniste ou à un moraliste, pour y voir, tout à souhait, grossir le muscle et fleurir la vertu? Non, car d'abord, le bien ne résulte pas, en somme, d'un propos délibéré, et quand il a pu convenir de former ce propos, il reste encore à en user presque toujours comme avec les enfants ou avec les malades : l'exercice sera un jeu, le remède, une cure à des eaux ou sur une plage mondaine, ou bien un sport de bon renom.

Il ne servirait de rien qu'un homme de vertu antique, un moraliste ou un stoïque vienne nous dire, tout en courroux : « Français, » vous vous dégradez à l'égal de la Rome impériale; vous devenez » vains d'esprit et de mœurs à l'égal des hommes de Byzance. Les » barbares vont prendre, une fois de plus, le chemin de vos plaines » et, derrière le sable des déserts africains, le verbe enflammé des » mahdis grossit la houle d'une invasion noire, sous laquelle vont » sombrer les frêles esquisses de vos trop larges ambitions. Quel » rôle, au surplus, prétendez-vous jouer sur la vaste scène du » globe, vous qui, tous les ans, en Europe, vous laissez arracher » quelqu'une de vos anciennes primautés? » On ajouterait que nous nous préparons à devenir la risée du monde, on nous renverrait à l'apologue que fit notre bon fabuliste sur le cas de la grenouille et du bœuf, que l'ironie du censeur semblerait s'en tenir à de justes accents.

Nous avons marqué les chapitres d'une pompeuse histoire que nous nous proposons d'écrire, et cette histoire, drame peut-être, qu'il s'agit de vivre, nous manquons d'acteurs pour l'animer. Nous avons ouvert un Grand-Livre de colonisation et pour les comptes que nous aurions à y inscrire, il suffirait jusqu'ici, du livret de marché d'une cuisinière. Nous avons des plans grandioses ; pas un de nous qui n'esquisse avec hardiesse l'édifice de notre colonial empire, *exegi monumentum !* et l'édifice reste vide. Nous avons de fort beaux domaines et, non seulement on n'y va pas, mais songe-t-on même à faire des chemins pour y accéder et y pénétrer (1) ? C'est une maison qui reste sans escalier, c'est toujours par l'échelle

(1) La situation de nos colonies, au point de vue de leur viabilité, est une chose honteuse pour notre renom. Nous aurons à y revenir dans la seconde partie de cette étude.

du maçon, par les sentiers du sauvage et du pionnier que l'on continue à y pénétrer.

Sans nous en faire davantage l'écho, reconnaissons que, reproches ou railleries, les uns et les autres ne sont que trop justifiés. Nous nous garderons seulement de penser que rien de bon n'a été fait ou même que nous avons été dépenser inconsidérément au dehors de l'argent, du sang et de l'énergie, qu'il eût été plus patriotique et plus sage de conserver à notre vieux sol gaulois mutilé ; non, nous n'aurions ni un sou, ni un soldat de plus.

A moins d'une abdication définitive, il était, au contraire, strictement nécessaire et absolument urgent que la France prenne sans plus remettre, la position qu'elle s'est marquée à travers les pays neufs ou de civilisation primitive — Elle n'a que trop longtemps et à son grand dam, sachons le reconnaître, poursuivie un rêve de domination européenne — Non moins éprise qu'elle d'un tel rêve, sa plus ancienne rivale, la plus heureuse aussi, est celle qui, par des moyens tout opposés, s'est le plus approchée de sa réalisation.

Admirons plutôt la puissance des grandes et justes idées, lorsqu'est venue pour elles l'heure de se manifester sur la scène de l'Histoire. C'est à son insu et comme malgré lui que, trois fois au cours de ce siècle, en 1830, en 1860 et en 1883, ce pays a franchi les décisives étapes de la reconstitution de son empire colonial, reconstitution qui va laisser loin, en arrière, les limites et le cadre de sa première expansion sur le globe — Quelle figure ferions-nous aujourd'hui avec les trois ou quatre possessions seules dignes de ce nom, les trois ou quatre « reliques » que nous avait léguées le dernier siècle ? L'Amérique continentale était irrémédiablement perdue pour nous, comme elle devait bientôt l'être pour l'Espagne et le Portugal, comme, après la première et grande rupture de 1784 elle est peut-être destinée à l'être aussi pour l'Angleterre. C'est un douaire que l'Europe devra définitivement, sans doute, abandonner aux colonies, majeures à présent et émancipées, qui sont ses filles — Il restait la vaste et massive Afrique, il restait l'immense Asie.

Quelle belle base d'action en Afrique, quelle solide assise pour notre puissance que la possession des états barbaresques ! Quel heureux prélude, en Asie, à la reconstitution de nouvelles Indes que notre entrée en scène, à l'embouchure du Cambodge, et, quand il a fallu, vingt ans plus tard, frapper au nord de l'Indo-Chine le coup décisif qui devait assurer notre domination sur tout ce magnifique pays, quelle heureuse conception, ou, au demeurant, quelle heureuse faute d'avoir considéré comme une quantité négligeable, le plus populeux et le plus vieil empire du monde ! [1] La faute de 1884, au Tonkin, avait été, non dans une conception erronée, un faux diagnostic, mais dans la faiblesse de l'action. Un praticien dirait que, là où il fallait le fer et le feu, on eut le tort de se borner à poser des compresses et à faire agir des émollients. C'était moins, toutefois, la faute d'un homme que du pays, lequel ne voulait de la colonisation qu'à faibles doses ; ce fut chez nous la vogue des « petits paquets ». — Pourquoi jeter l'anathème à ceux que nous avons mis au pouvoir, si nous leur refusons les moyens d'agir ?

Le coup terrible que la guerre de 1870 a porté à nos frontières, aura indirectement contribué à l'essor de nos entreprises extérieures. Celles-ci relevaient sensiblement notre prestige, en affirmant notre vitalité et la survivance de nos forces. Un sens assez précis d'équité internationale nous assurait, en outre, dans l'Europe continentale, tout au moins, une bienveillante neutralité. On reconnaissait qu'il y avait là, pour la violence subie, un dédommagement sur lequel il n'était pas de bonne grâce de nous chicaner. Et de fait, le vainqueur lui-même a, dans certains arrangements coloniaux [2], témoigné d'un esprit de déférence et de droiture dont nos rivaux insulaires, par contre, ne semblent s'inspirer à aucun degré.

Ainsi, et au point de vue politique, alors que la France s'était vu diminuer en Europe elle avait pu, sans donner trop d'ombrage, développer en Asie et sur le continent noir, autour de quelques comptoirs ou amorces de territoires jusque-là sans importance, les orbes de plus en plus élargis de sa pénétration et de son influence. Regrettons que tout cela ne soit pas encore sorti de la période de

---

(1) 10 ans après, à Ya-Lu et dans le Liao-Tung, les coups hardis et décisifs des Japonais devaient faire de la justesse de vues d'un de nos grands hommes d'Etat, la démonstration que l'on sait. On vient de voir, en outre, en compagnie de quels illustres plagiaires, Jules Ferry va désormais se trouver.

(2) Kameroun et Congo - Togo et Dahomey (Conventions de 1885-1890-1894). — Le différent du Niger est pourtant, enfin, réglé (Juin 1898).

pure et simple domination politique et qu'une évolution économique adéquate soit si lente à se manifester, que c'est à peine si l'on peut en discerner les premiers linéaments. — L'évolution attendue devra néanmoins, se produire ; il ne saurait se faire, en effet, que le statu quo actuel entre notre pays et ses colonies, puisse davantage se prolonger. Nous ne saurions longtemps encore faire face aux dépenses d'administration qu'elles nous occasionnent, si, par une prompte et tout au moins partielle mise en valeur, elles n'en venaient à se suffire elles-mêmes et à réaliser cette condition de *self supporting* qui caractérise, d'une façon si enviable, les établissements anglais.

Avec quelles ressources la France aborde-t-elle la solution d'un problème qui aura été, peut-être, le plus grave de son histoire et à l'heureuse solution duquel son rang et son avenir même sont intimement attachés ; c'est ce que nous allons sommairement examiner.

L'étude de l'élargissement si remarquable que la civilisation a pris au cours de ces derniers âges tient, en entier, dans l'histoire de l'Europe. C'est dans cette partie du monde que sont le plus intimement unis et fusionnés les éléments supérieurs de l'humanité. — Largement esquissé par la domination romaine, le cadre nouveau est sorti du long conflit du moyen âge et, alors que l'unité politique disparaissait dans l'échec final de toute restauration unitaire, d'ordre impérial ou pontifical, le triomphe définitif du christianisme sauvegardait, du moins, l'unité morale, forme et fonds d'une civilisation commune. — D'une mêlée sanglante et dix fois séculaire est même sortie une véritable unité ethnique nettement perceptible pour tous les peuples et peuplades du reste du globe. — La dualité, si profonde d'abord, entre les parties orientale et occidentale s'est même, d'âge en âge, fortement atténuée et l'expression mise en honneur par la diplomatie de « concert européen » se trouve répondre, en somme, à une réalité de plus en plus consciente d'elle-même. — Ainsi, n'y a-t-il pas antinomie, pour le sens et le caractère de leur rôle, aujourd'hui prépondérant, entre les deux puissances placées aux deux extrémités de l'Europe. Un contraste profond existe dans les procédés, mais il tient uniquement à une situation géographique qui ne leur a pas laissé le choix de la route et, quelque vif que puisse être, entre Russes et Anglais, l'antagonisme sur les points où ils se trouvent désormais en contact, la rivalité reste d'ordre politique, le but comme les résultats étant, somme toute, identiques. C'est là un point que la vivacité des compétitions dans lesquelles notre pays se trouve engagé, ne nous doit pas empêcher de reconnaître.

Entre cette position privilégiée de la Russie vis-à-vis du continent asiatique et de la Grande-Bretagne, vis-à-vis des terres maritimes, c'est-à-dire d'accès maritime, quelle est la situation de notre pays, au point de vue des domaines coloniaux ? Elle tient visiblement de l'un et de l'autre privilège maritime et terrestre et tels sont les avantages partiels que nous pouvons ainsi recueillir, qu'il dépendrait de nous d'en faire une part tout aussi bonne que celle qui est échue aux Anglo-Saxons et aux Russes.

Notre établissement dans le nord de l'Afrique, en face et à quelques lieues de notre front de mer méditerranéen, nous assure, vis-à-vis du continent noir, le bénéfice d'une quasi-continuité d'action. Notre situation, sur une grande mer intérieure et sur l'Océan nous fait un devoir de nous répandre sur les routes maritimes du globe. Mais, sollicités par la mer sur ce double développement de côtes, nous avons, en même temps, à regarder du côté de la terre. — De tous les fleuves historiques, c'est incontestablement le Rhin qui a vu battre sur ses rives les plus grands flux et reflux des émigrations ou des invasions. Depuis l'aurore des âges semi-légendaires qui nous montrent les peuples gaulois débordant par toutes leurs frontières, franchissant les Alpes, colonisant les plaines de l'Italie supérieure, ou se frayant une route à travers la haute Allemagne pour s'engager le long du Danube et aller jusque dans l'Hellade, jusque dans l'Asie mineure, fonder, de haute lutte, des établissements dont le souvenir et même les restes visibles se sont perpétués jusqu'à nos jours, comment faire le compte de toutes les marées humaines, dont les Gaules ont été le point d'aboutissement ou de départ ? On peut dire qu'il n'est pas de siècle où les ponts ou les gués du Rhin n'aient livré passage à des millions d'hommes en armes.

Le sens du courant dominant est à peu près fixé par grandes périodes. La conquête romaine de l'Europe, que la conquête gauloise avait presque partout précédée, fut suivie d'une longue expansion romaine de nom, gauloise de fait, à travers la Germanie et les pays danubiens. La grande invasion barbare qui occupe la dernière moitié du 4me siècle et la première du siècle suivant, fit bientôt place au retour offensif des armées gallo-franques — Pays de civilisation plus haute, de plus grande production, de peuplement bien plus dense et parvenu plus vite à l'unité politique, la Gaule devenue la France, n'avait cessé depuis et malgré quelques alternatives de revers, de montrer sur ses frontières une force d'expansion supérieure à celle des pays limitrophes — Elle a été, pendant les deux derniers siècles, la nation prépondérante de l'Europe. Elle avait pour elle le prestige de la civilisation, la valeur des armes et la force de la richesse ; elle avait aussi la puissance du nombre et de l'unité.

Quoiqu'il puisse aujourd'hui nous sembler de la politique si volontiers taxée de folie qu'entendit suivre le «Grand Roi», on comprendra mieux l'orgueilleux langage de sa diplomatie et la hauteur de son attitude, à simplement réfléchir qu'il commandait directement à plus du tiers de la population de l'Europe (1) et que lorsqu'il disait : « mon royaume », « mon peuple », il parlait bien d'une force qu'il avait réellement dans sa main et qui, d'une frontière à l'autre, était déjà façonnée à promptement répondre à l'appel du pouvoir

---

(1) En l'an 1700, d'après Mr Levasseur, la France comprenait 40 % de la population des grandes puissances de l'Europe ; en 1789, après l'élévation de la Russie, elle en représentait encore les 27 centièmes ; elle n'en forme plus actuellement que les 12 centièmes — Notre pays a passé, dans deux siècles, de 20 à 38 millions d'habitants ; l'Angleterre qui vient à présent avant nous, était partie, pour la même période, d'un chiffre de 10 millions — Il y avait, alors 19 millions d'Allemands, il y en a maintenant 54 ; 12 millions d'Autrichiens, il y en a 43 — En un siècle, exactement, de 1789 à 1890, la Russie d'Europe a vu quadrupler sa population (25 et 100 millions) on vient de dénombrer dans l'Empire, Asie comprise, 129 millions de sujets — On comprend bien, devant un tel chiffre, les paroles que M. Méline, président du Conseil, prononçait dernièrement à la Chambre des députés : « Ce grand empire sera, un jour, par la puissance de son développement naturel et forcé, l'arbitre du monde dans certaines questions ; ce jour-là *les problèmes qui paraissent aujourd'hui les plus insolubles se résoudront d'eux-mêmes.* » (Séance du 7 février 1898).

Il y avait, en 1870, 330.000 conscrits allemands pour 290.000 français ; nous en sommes restés à peu près au même chiffre, alors que les listes de la conscription allemande portent 450.000 recrues annuelles. Quelle éloquence dans ce simple rapprochement ! quelle sensation de déchéance ! Ne sait-on pas que ce va être la défaite et la plus irrémédiable de toutes, la défaite sans combat ? car l'écart ne fera que s'agrandir sous l'effet d'une natalité supérieure d'un tiers chez les Allemands — Dans une réunion de la Société Statistique de Paris, le 19 mai 1897, le Dr J. Bertillon ajoutait, après avoir fait ces tristes constatations : « A un mal aussi grand, il faut appliquer le remède qu'il conviendra, *juste ou non en soi*, mais surtout efficace » — Juste ou non ! en semblable péril, le juste c'est ce qui convient le plus justement.

central. — Lors, donc, qu'il bravait les coalitions, ce n'était ni folie, ni même présomption; il était bien armé pour jouer la partie, et si la France l'a finalement perdue, ce n'a nullement été que cette partie fût disproportionnée avec les moyens qu'elle pouvait mettre en œuvre pour la gagner. — Au moment où la Révolution, et, ensuite Napoléon, eurent à reprendre contre une coalition (encore soudoyée par l'Angleterre) la vieille querelle, qui, un instant et sans trop de dommage, calmée par les traités d'Utrecht (1711 à 1714), semblait avoir été définitivement réglée, en 1783, par la paix beaucoup plus désastreuse de Versailles, la population de la France était encore le cinquième de celle de l'Europe, y compris, cette fois, la Russie. Des territoires qui acceptaient volontiers notre domination faisaient, tout le long du Rhin, cause commune avec nous. De grandioses visées pouvaient, sans aucune chimère, hanter l'esprit de celui qui a été réputé le plus grand génie politique et militaire de tous les temps. Mais le fer et le feu sont décidément impuissants à faire mûrir les événements et les erreurs du génie sont de redoutables calamités.

C'en est fait désormais pour nous de tout rêve de domination ; la prépotence et l'hégémonie, nous sont, pour la dernière fois, revenues durant la courte période qui suivit les guerres heureuses d'Orient et d'Italie. La France fut vraiment, une dernière fois, ce que la voix jalouse des peuples la proclamait encore : « la Grande Nation » ! — En est-il de la carrière d'un peuple comme de celles d'un athlète et les défaites subies sont-elles : dans la première jeunesse, des leçons ; dans la virilité, des échecs ; dans l'âge ingrat, une humiliation et le signal de la déchéance ? La force qui nous a fait longtemps victorieux résidait dans un peuple supérieur par le nombre et l'organisation politique. — L'unité dont il tirait avantage, les plus dangereux de ses voisins (tous les voisins forts sont dangereux) l'ont à leur tour réalisée et, au-delà de nos frontières, la marche de la population conservant une allure dont le secret semble perdu pour nous, des territoires de faible peuplement et de très médiocre industrie ont peu à peu atteint et ensuite dépassé la densité démotique comme la prospérité des meilleures même de nos provinces.

Alors que l'expansion est la loi universelle de la nature inerte et animée et que toutes les agglomérations humaines en manifestent les effets [1], nous ne pesons plus sur nos voisins de tout le poids d'une population prépondérante et grandissante. C'est du dehors que vient aujourd'hui la pression [2] et si nous pouvons garder l'espoir de voir respecter encore nos frontières, c'est que des influences extérieures et puissantes se sont révélées et agissent comme contre poids et, aussi, parce que le flot qui nous eût fatalement submergés, dérive abondamment au dehors. — Ce n'est donc plus par la vertu seule de notre propre énergie, ni par le seul soutien de notre force que nous restons debout. — Combien cette situation est pleine de dangers, combien elle est anormale, factice, précaire ; combien instable est un semblable équilibre, le vice est tel qu'il est presque oiseux de le signaler.

Tout a donc changé dans les conditions de notre existence. La politique européenne a subi une désorbitation violente ; reconnaissons, toutefois, que cette désorbitation, cette rupture d'équilibre se serait produite d'elle-même et pacifiquement un peu plus tard. Car enfin, en admettant que la France en eût eu le pouvoir, quelle raison aurait-elle invoquée, elle qui venait de faire l'unité italienne, pour s'opposer à une autre unité qui était également dans le vœu de peuples voisins ? Il y a là des échéances naturelles qui peuvent être retardées, mais non écartées. La France n'eût pu que s'autoriser de la raison qui a seule servi à consommer notre mutilation : un besoin de sécurité que la division nous garantissait.

« *Drang nach westen! Drang nach Osten !* » la double poussée allemande n'est que la manifestation de la même énergie vitale. Contenu, bientôt repoussé peut-être par le réveil général du slavisme, le flot germain n'en viendra que battre avec plus de force sur sa plage occidentale. — Sachons voir la situation telle qu'elle est ; nos puissants voisins disent : « *das ganze Deutschland soll hinein !* » et, en réalité, l'Allemagne n'est pas entièrement faite encore. Trop heureux serions-nous si tout ce qui est allemand : « *soweit die deutsche Zunge klingt !* » devenait l'Allemagne, à condition que tout ce qui fut la Gaule puisse le redevenir !

---

(1) Qu'est-ce que l'émigration, sinon le débouché de cette force productrice spéciale qui s'appelle la génération ?

(2) En 1851, on avait recensé 379.000 étrangers. En y comprenant 170.704 naturalisations, leur chiffre, en 1891, a atteint 1.300.915 individus. Cette progression est forcée, c'est un simple phénomène d'équilibre entre vases communiquants.

On commence à entrevoir aujourd'hui l'utilité, la nécessité bientôt d'une fédération européenne. Les prétentions des Etats Nord-Américains, promptement tournées à l'insolence, que leur donneront leur nombre, leur force et, sans doute, leurs victoires vont assurément les rendre insupportables à l'ancien Monde, pour lequel ils affectent, d'ailleurs, un grossier sans façon de parvenus. Ce que le sens de la solidarité et de l'unité véritable de sa destinée aurait lui seul mis longtemps à faire accueillir, la nécessité d'assurer son indépendance économique et de maintenir son influence politique sur le reste du monde, ne saurait tarder à l'imposer à l'Europe. L'accroissement prodigieux de la grande République américaine, le sentiment qu'elle prend de sa force, l'étendue et la brutalité de ses ambitions, justifiées d'avance, semble-t-il, par un progrès jusqu'ici inoui de tous les éléments de la puissance et de la fortune, doivent préoccuper tous les conseils du vieux Monde — Qu'est-ce que le pangermanisme, qu'est-ce que le panslavisme lui-même et que pourrait être le panlatinisme en regard du panaméricanisme, non seulement rêvé, mais proclamé comme une nécessité et s'autorisant de prétextes honteusement vains, pour consommer les pires et les plus lâches violations que le droit des gens ait eu, depuis longtemps, à subir.

L'enjeu de la lutte, et cette considération touche au vif de notre sujet, n'est pas autre que l'empire du monde et le lotissement définitif des peuples supérieurs auquel aboutira cette conquête — Le sort de l'Australasie semble en grande partie fixé ; l'Afrique est découpée par nos cartographes politiques, jalonnée par nos explorateurs ; elle n'est nullement occupée. L'immense Asie reste presque entière. L'Angleterre s'y enrichit, la France s'y épuise ; seule, jusqu'à ce jour, la Russie y a fait œuvre sérieuse et durable, bien que peu consistante encore — Le moment est décisif pour l'Europe et il l'est bien plus pour la France. Il lui faut marquer, dès à présent, sa place dans le monde, car la puissance coloniale ne peut manquer d'entrer en ligne de compte, lorsque tous les anciens états se réuniront pour former les Assises du vieux continent.

La force et la valeur d'un fleuve ne se mesurent pas à la violence passagère de ses crues, mais à l'abondance réglée de son débit. Le passé de notre pays a été grand et brillant, mais surtout tempétueux. On nous a, jusqu'ici, accordé plus d'admiration que de confiance. Si préjugé il y a, il n'est pas encore dissipé et, quoi qu'il en soit, un peuple ne saurait vivre de l'éclat de son histoire; il lui faut, sous menace de tout perdre en un instant, la continuité de l'action — L'affaissement actuel de notre race n'est que trop marqué et n'a déjà que trop duré. Nous avons pu rester vains, quelque temps, des indices économiques et financiers du pays, (V. 2e Partie, chap. V), l'événement nous montre que les conclusions que l'on en tirait étaient excessives et que des statisticiens à qui rien n'échappe de ce qui se compte, se pèse, s'apprécie et s'inscrit au « doit » ou à l' « avoir », avaient simplement cru pouvoir négliger ce qui est la seule imprescriptible et impérissable richesse, l'homme lui-même, les hommes qui en sont l'unique source et l'unique destination.

Il n'est nullement d'un intérêt d'ordre spéculatif d'envisager cette causalité et cette finalité. L'intérêt est, au contraire, pressant, immédiat, vital; s'il est bien compris, les remèdes de la situation présente sont nombreux, faciles et tout prêts qui peuvent avoir de l'efficacité — Le but est, en tout cas, d'une netteté qui s'impose. Il faut que la France remonte dans les statistiques [1] de l'Europe et du globe, il faut qu'elle assume et conserve un rôle digne d'elle et de sa tradition, sur la scène du monde — Un premier et trop superficiel coup d'œil ferait dire que c'est vouloir concilier deux buts opposés, chasser à courre et à l'affût, courir et tenir, à la fois. Il n'en est rien cependant; il n'y a là, au fond, qu'une seule et même politique, s'exerçant en deux sens qui se prêtent un mutuel appui. La colonisation ne se sépare pas de l'émigration et celle-ci, c'est un fait reconnu et sur lequel nous aurons à revenir, provoque, à

(1) La France n'est pas seulement le pays où il y a le moins de naissances, c'est aussi un de ceux où on meurt le plus. M. Jacques Bertillon, dans un mémoire qui a fait sensation : *La Puériculture à bon marché*, estime qu'à Paris, les 64 p. % de la mortalité infantile sont uniquement imputables à la seule insuffisance des soins. Il conclut que la perte annuelle, pour la France entière, ne peut pas être évaluée à moins de 200.000 décès indus — Il y a là une situation plus que honteuse, criminelle... C'est notre dixième plaie d'Egypte, ce sont nos massacres d'Hérode... Les remèdes ? Le docteur Bertillon parle de grandes *nurseries*, de vastes couveuses aseptiques, pour les enfants des 18.000 parisiennes pauvres qui ne peuvent nourrir les leurs... Quelle fâcheuse conception ! Qu'on prenne donc cette question d'un peu plus haut et que les millions qu'on engloutirait dans cette entreprise à faire de l'élevage administratif en vase clos, on les emploie à résoudre le problème des logements ouvriers. Tous les enfants nés ou à naître ne s'en trouveront que mieux, et leurs parents aussi.

la fois, et entretient une natalité favorable. Elle en est même le stimulant, le plus actif.

Ce qu'était la France vers la fin des XVIIe et XVIIIe siècles, nous l'avons sommairement indiqué. Des statistiques générales, aujourd'hui fort complètes, nous montreraient, à un millier d'hommes et à un million de francs près, ce qu'est tout d'abord notre importance démographique comparée et ensuite, dans l'ordre commercial et industriel, la valeur de notre développement économique. — Des tableaux de cette nature sont fréquemment offerts à l'attention du public ; il ne sont rien moins que flatteurs pour notre pays et nous pouvons y voir que la stagnation démotique, signe non douteux d'une éclipse d'énergie, est soulignée par une régression marquée de presque tous les indices économiques (¹).

Si nous jetions ensuite un coup d'œil sur une statistique très générale du globe, nous verrions que d'une superficie vraiment insignifiante, eu égard à l'ensemble des terres habitables, notre pays renferme le douzième, à peine, de la race blanche répandue dans l'univers. — L'on ne saurait, de plus, considérer la race dite jaune, comme ne comprenant, dans son ensemble, que des peuples de valeur nettement secondaire. — La supériorité d'une race sur une autre (le raisonnement serait le même pour deux nations quelconques) est chose bien délicate à établir (²).

Si l'on s'en tient, et à notre point de vue spécial, ceci est essentiel, aux indices de la natalité et de la productivité, celle-ci consistant surtout dans l'esprit des affaires, la dextérité mécanique, la puissance de travail, d'ordre et d'économie, nous touverons que ces qualités, très suffisantes pour assurer un pouvoir prépondérant d'expansion aux peuples qui en sont le mieux pourvus, ne

(1) V. 2e partie, chap. V, le tableau du commerce extérieur de la France.

(2) Les civilisations sont de nature successive : les sciences et les arts, les armes, le commerce avec l'industrie, en sont, tour à tour, les facteurs éminents. — Un pays prospère peut décroître, à une époque donnée, pour les mêmes causes qui, en d'autres temps, ont, ou auraient assuré sa suprématie. — Aujourd'hui, les affaires et les armes sont en compromis. Si l'âge du négoce ou du fer qui travaille succède définitivement au règne du fer qui fait la guerre, il se pourrait bien que les peuples européens vivant du commerce et de l'industrie dussent baisser pavillon devant des rivaux jusqu'ici méprisés, mais bien doués de ce génie secondaire qu'il faut pour les arts techniques et le négoce et tels que, par exemple, les Chinois, les Japonais et les Hindous, lesquels sont en train de faire ou plutôt... de refaire leurs preuves.

sont nullement l'apanage d'une nationalité, ni même d'une race. Les Hindous, par exemple, les Parsis, les Sémites avec d'autres Levantins, seront merveilleusement doués pour le commerce de l'argent, et l'organisation actuelle du marché est bien faite pour assurer la primauté au signe de la richesse vis-à-vis de la richesse elle-même. — Plus loin, et le tableau mérite encore bien mieux d'attirer notre attention, un immense pays où le peuple excelle dans l'agriculture, se révèle avec des aptitudes de premier ordre pour les arts mécaniques et le commerce à tous les degrés, sans en excepter le haut négoce et la banque. A côté de cette étonnante Chine, d'une si grande faiblesse politique, près de ces 400 millions d'hommes jaunes que nos canons menacent de civiliser, nous voyons, aux confins de l'Extrême-Orient, 45 millions de Japonais nous donner le spectacle, jusqu'ici unique, d'une triple transformation politique, économique et militaire, accomplie, on peut dire, en un quart de siècle, et qui vient de se traduire par des succès qui sont de véritables triomphes. — Le Japon fournissait, avec la Chine, à la gaieté de nos pères: c'est à qui briguera maintenant sa précieuse alliance politique et repoussera son invasion économique. La Chine nous réserve d'autres surprises encore; nous aurons à revenir sur ce sujet qui est de tout propos (2e partie, chap. IV).

Nous avons voulu, quant à présent, montrer qu'autre chose est une supériorité morale ou scientifique, artistique ou littéraire, intellectuelle, en un mot, de spectacle bien séduisant, dans laquelle se complait particulièrement l'esprit de notre race et celle qui assure le succès final dans des compétitions où la force est toujours, d'une façon plus ou moins déguisée, appelée à dire le dernier mot. Ce succès qui n'a rien à voir avec la civilisation véritable ni la morale, d'autres peuples se le sont ménagé à notre détriment; qui pourrait répondre que, dans un avenir prochain, d'autres races ne se révèleront pas plus aptes à le conquérir ? — Gardons que les qualités qui ont fait, un moment, notre triomphe, ne deviennent pourtant, un don fatal. Il ne serait pas bon que, satisfaits d'être un peuple de penseurs, d'érudits et d'artistes, nous nous confinions sous les portiques de la sagesse pure, ou restions à deviser dans les jardins d'Académus. Ce péripatétique commerce ne nous enrichirait pas et il y a, d'ailleurs, loisir pour tout [1]. Les temps ne sont pas encore venus du règne d'Astrée sur la terre. Mars et Mercure n'ont pas achevé d'y sévir. S'il est devant nous, l'Age d'or n'est pas encore tout proche.

Loin que la terre soit entièrement conquise et asservie par l'industrie de l'homme, elle n'est pas même sur le point d'être uniformément peuplée. Or, un peuplement homogène, de densité partout égale aux ressources du sol, semble bien être l'indispensable prélude du cours normal et pacifique de la civilisation. — « Qui terre a, guerre a ». Il serait plus exact de dire : « Qui veut la terre, veut la guerre ». On peut espérer qu'on ne verra plus des luttes d'extermination, ni même des expéditions où s'exercent des spoliations privées, mais les suites des conflits modernes n'en sont pas moins redoutables pour l'avenir du vaincu.

L'objectif même des mouvements armés des peuples aura disparu quand tout ce qui est habitable sera, dans une mesure uniforme, habité et que le flot humain, après avoir, de ses courants et remous, parcouru le globe en tous sens, se retrouvera en équilibre. — Alors sera définitivement close la période héroïque, violente et barbare de l'humanité [2]. — Des échanges incessants et rapides d'hommes, de choses et d'idées entretiendront un perpétuel contact et, dans la solidarité universelle, universellement sentie, comprise et acceptée, se produira sans doute enfin, l'universelle fraternité. Cette conviction vaut mieux que le scepticisme : l'affirmation du bien peut servir à le réaliser [3]. *Cives orbis unius uni.* Ce sera toujours là une belle devise et un noble espoir.

Rien de chimérique, au fond et malgré de passagers démentis, dans la conception de cette future humanité ; chronologiquement,

---

(1) « Gnôthi sauton » — « Kairon gnôthi » : disaient les maximes des Sept Sages. L'opportunisme est vieux comme le monde.

(2) Il a fallu six cents siècles à la Nature, dit Buffon, pour atteindre à un état ordonné et paisible : combien en faudra-t-il pour que les hommes arrivent au même point (Les Ep. de la nature.)

(3) La réminiscence suivante, intitulée, croyons-nous, la *Paix* ou la *Mort !* serait ici de propos :

> Las de s'entremanger, les animaux, un jour,
> L'homme fut du concert, avait pris langue pour
> Parler de désarmer : « Vivons en paix, en frères,
> « Abjurons toute haine, abaissons nos frontières,
> « Un soleil nous éclaire, ayons tous un seul cœur.
> « On ne connaîtra plus ni vaincu, ni vainqueur,

la réalisation n'en est peut-être pas très éloignée. Le progrès général ne peut y rester étranger; il marche aujourd'hui à pas de géant ; les cent dernières années en valent un millier et plus, des périodes précédentes. Si merveilleux et si puissants sont, désormais, les moyens dont il dispose, que peu d'années à venir peuvent valoir des siècles — Mais combien violente est encore son allure. Le côté matériel va sûrement plus vite que l'avancement moral et la régence du globe ressemble ainsi à la royauté du ciel : *Violenti solum rapiunt* — C'est donc aux forts, en dernière analyse, qu'il est réservé de faire triompher leur cause et avec elle, leur race. — Trop peu de chose différencie les divers peuples de l'Europe, trop d'éléments sont appelés à se faire équilibre, pour qu'il soit permis de décider et, pas plus *ex professo* que *ab experto*, que tel d'entre eux se trouve le mieux armé pour cette lutte d'expansion [1]. Les preuves, jusqu'ici fournies, ne sont même nullement, les conditions du problème variant sans cesse, de suffisantes garanties pour des succès à venir.

Dans les rivalités coloniales, comme dans les rivalités politiques et économiques, le premier élément, l'irréductible unité de compte, c'est l'homme lui-même, et si l'on considère, comme c'est le cas

---

« La Guerre ! n'est-ce pas la pire servitude !
« La Paix ! la Paix ! pour tous, partout et sans surseoir ! »
— « Bravo ! » cria la multitude.
Et cette paix dura jusqu'au repas du soir.

L'auteur, dont le nom nous échappe, était évidemment de la catégorie des sceptiques.

On sait quelle dotation magnifique le testament de Nobel, l'inventeur de la dynamite et de la poudre sans fumée, a fait aux œuvres de civilisation et de paix. Après avoir distrait de sa fortune 3 millions pour sa famille, il a consacré à ces œuvres les revenus d'un legs de 50 millions : cinq prix annuels de 300.000 francs chacun. Cet illustre savant était possédé du génie de la *destruction pacificatrice*. Les cerveaux du Nord renferment de ces associations. — Savants ou guerriers, ils chargeraient volontiers de panclastite le centre du globe et garderaient le doigt sur le bouton du détonateur pour tenir le monde en paix.

(1) En rendant compte du succès de la race anglo-saxonne, M. Demolins en a montré les causes, mais il n'a pas du tout prouvé « la supériorité » de la race. Si tel était son propos, les Demolins de l'avenir réfuteront son ouvrage, en venant exposer « à quoi tient la supériorité » de l'Allemand, du Slave, de l'Américain, voire du Chinois et du Japonais. M. Demolins a justement mis en lumière l'influence de l'éducation qui est énorme. Mais l'Anglais a triomphé pour bien d'autres motifs qui ne sont pas tous à son honneur. Malgré ce que nous aurons à dire, au chap. V, des vices de notre enseignement, il serait excessif, l'exemple de la « docte Allemagne » serait là pour le prouver de leur attribuer une trop forte influence.

pour l'Europe, une collectivité où les hommes se valent, c'est sur le nombre seul, que se règlera, en définitive, le grand débat du lotissement final de la planète.

Si l'on avait à décider quel est le peuple dont la situation se rapprocherait le plus du type social vers lequel s'achemine la collectivité humaine, peut-être serait-on obligé de convenir que c'est le nôtre. Mais il ne faut pas perdre de vue que cette diffusion de culture et de moyen bien-être, que ce moins mauvais, nous n'osons pas dire bon aspect de la répartition de la richesse, qui, joints à l'urbanité réelle de nos mœurs, pourraient suffire à nous mériter le premier rang, deviendront une vraie cause d'infériorité, à un point de vue plus pratique et d'utilité immédiate. Quel est le peuple qui se trouve le mieux armé et outillé, le plus « en forme » pour soutenir la lutte pour l'expansion? Jusqu'ici, l'Angleterre. Dès à présent, pourtant, ne serait-ce pas l'Allemagne? Mieux encore que les si présomptueux et si peu scrupuleux Etats de l'Union Nord-Américaine, ne sera-ce pas demain, la grande, l'immense Russie, la *jeune* Russie? Nous laissons de côté, en ce moment, l'Extrême-Orient et son redoutable mystère. Quant à la France, débarrassons résolument notre vue des écailles de la pitié filiale : ou elle va, sans délai, se ressaisir avec énergie, regarder à ses intérêts vitaux et y subordonner tout autre point de vue, ou elle va, das ce but, répandre au dehors et systématiquement, non au hasard, simultanément, non l'un sans l'autre, ses hommes et ses capitaux, ou son règne est désormais fini et il faut qu'on se résigne à voir son Histoire prendre prochainement place à côté de la grecque et de la romaine, comme une chose consommée et dont le cycle est désormais fermé; à la voir tomber « Histoire ancienne » sur laquelle des Henri Martin, des Michelet, des Taine et Duruy d'une autre langue viendront sceller leurs épigraphes.

Il est temps de fortifier nos rangs, il est temps que des colons de plus en plus nombreux, élargissent à travers le monde la citoyenneté de notre pays. A côté des plus grande Bretagne, des plus grande Allemagne, plus grande Russie, à côté de la toute grande Amérique et devant d'autres peuples qui seront peut-être demain de fortes nations, il faut faire surgir, resurgir même dirions-nous, *resurgere*, une plus grande France. Il nous faut des enfants, il nous faut des colons et l'un pour avoir l'autre. L'*être, ou le ne pas être* de notre pays, le voilà ! La France sera colonisatrice, elle va l'être sans retard, ou elle ne sera bientôt plus une nation ([1]).

---

(1) Bien des moyens ont été proposés pour fomenter l'essor de la population (on a été jusqu'à parler de faire revivre les lois caducaires de l'ancienne Rome) : facilité d'instruction pour les enfants des familles nombreuses — rien d'efficace n'a été fait ; diminution des droits successoraux en ligne directe, (nos droits sont les plus élevés de l'Europe) il faut peu augurer de ces encouragements *post mortem ;* liberté de tester — cette réforme serait beaucoup plus utile ; réduction à un an du service militaire actif exigé du conscrit marié ([a]) — mesure très simple, très juste et qui serait bien plus efficace qu'elle n'en a l'air, (on se marie trop tard..., à l'âge des calculs) ; exonérations ou réductions de certaines charges fiscales et notamment de la cote personnelle-mobilière — c'est un minimum, voilà deux ans qu'on manque de l'introduire dans le budget. La prétendue proportionalité de l'impôt est devenue aujourd'hui, une véritable iniquité grâce surtout au développement des taxes indirectes. C'est à l'iniquité, en effet, qu'aboutit ici l'égalité, car la surcharge fiscale est en raison directe de la surcharge domestique. Est-ce là l'impôt « proportionnel aux facultés » ? Quelle bonne formule pourtant, si on avait voulu la prendre dans son droit sens !

Un pays a surtout besoin de citoyens et aussi spécialement, besoin de soldats. Que quelqu'un s'adonne à l'élevage du cheval de guerre, l'État lui achètera ses produits à bon prix et il le décorera, un jour ou l'autre. Des enfants, les futurs cavaliers qu'il faudra pour monter ces chevaux, c'est beaucoup plus long et plus coûteux à élever : l'État les prend pour rien, après avoir, sous mille formes, fait payer des impositions extraordinaires à ceux qui en ont eu la charge.

On n'ignore pas qu'il y a des millions de petits êtres qui sont condamnés à périr faute de soins suffisants. L'éducation des enfants est devenue autant une charge sociale qu'un devoir de famille ; or, on est loin de faire, non pas tout ce que l'humanité, mais même tout ce que l'intérêt matériel de la Société demanderait d'entreprendre. On s'en tiendrait à la stricte mesure du rendement économique, que la production de l'être humain et sa conservation n'en mériteraient pas moins qu'il soit fait toutes les dépenses utiles, car il n'y aurait là qu'une avance à gros intérêt et le meilleur des placements. C'est au bénéficiaire universel, à la Société, d'intervenir dans ce but.

(a) *Projet Berthelot, Léon Labbé, Guyot...* (*Doc. parl. Sénat* 1897, *n° 175*). *La tardivité des mariages est absolument funeste à leur fécondité. Plus âgé on calcule davantage : mais il y a encore d'autres causes sur lesquelles il est superflu d'insister. Elles forment ce qu'on pourrait appeler le chapitre « profits et pertes » du célibat.*

CHAPITRE III

Du Principe de Population.

Si l'on prétend voir guérir un mal de la nature de celui dont souffre ce pays, il est nécessaire de lui ôter jusqu'aux prétextes qu'il aurait de se perpétuer. — Sans que le degré d'intensité de ce mal soit parvenu au point qu'il atteignit dans l'ancienne société romaine, qui était destiné à en mourir, l'urgence n'est pas moindre de l'enrayer et de le voir disparaître, car le péril auquel il ouvre la porte est aujourd'hui bien plus pressant. — Il n'est plus de barbares, soit, le danger d'invasion de notre sol est, néanmoins, si peu chimérique que le plus clair de nos ressources et notre vive force sont employés à le conjurer. — En mettant, en outre, définitivement la main sur tous les territoires inhabités ou restés incultes, l'Europe agit, en quelque sorte, comme le ferait tel de nos villages en partageant son « communal ». Ici le partage par tête résulte d'une prescription légale, il résultera, à travers le monde, de la force même des faits. Plus tard, la prédominance des noms ou des langues restera pour marquer quelles étaient, lors du lotissement, ici, les familles, les plus nombreuses, là les peuples les plus prolifiques.

L'humanité procède au partage de ses « réserves ». L'ardeur de nos explorateurs a bien servi la vigilance de nos hommes d'Etat; la part de notre pays est fort vaste et enviable. — Mais le droit d'une nation n'est pas autre, au fond, que celui du premier concessionnaire venu et que nous-mêmes appliquons, le cas échéant, au concessionnaire colonial. Celui-ci s'abstient-il de tout travail et de toute culture, ne met-il pas en valeur le sol qu'il s'est fait assigner il se le voit bientôt et justement retirer : *Tollite ab eo talentum et date ei qui habet decem talenta* (1). Cette parabole est toute d'appli-

---

(1) Il est dit de chacun des deux autres serviteurs et de leurs talents « *operatus est in eis*, et ce reproche est fait à celui qui avait enfoui le sien : *opportuit te committere pecuniam meam nummulariis, ego recepissem... meum cum usurâ*. Le créancier ici, c'est la Société. (Il nous semble encore que ce texte fournit un argument .. chrétien au prêt à intérêt).

cation en pareille matière. C'est donc toujours la même conclusion qui doit se trouver sous notre plume : nous devons être forts, c'est-à-dire nombreux pour rester les maîtres chez nous, nous devons l'être bien plus encore, pour dominer avant tous autres, sur les territoires extérieurs que nous nous sommes assignés.

L'on ne saurait, en traitant un tel sujet, s'abstenir d'envisager le fond et l'aspect économiques du problème, ni parler de la population de notre pays et de son avenir, sans avoir parlé de la population en général.

Il y a d'autant plus d'opportunité à le faire que, doués d'une imagination complaisante, nous ne sommes que trop portés à anticiper sur la marche des événements et à nous inspirer des hypothèses pour y subordonner notre conduite.

« La France n'est-elle pas assez peuplée, dira-t-on? Rêvons-nous de pousser au pire un état qui est déjà moins bon ; convertir la richesse en simple aisance, celle-ci en médiocrité, laquelle serait rejetée dans un intolérable misère. La France ne contient-elle pas autant d'habitants qu'elle peut en nourrir et le but ne doit-il pas être, désormais, d'une meilleure répartition de la richesse, celle-ci ne pouvant guère plus s'accroître ? »

Il est conforme aux conclusions générale de cette étude de constater qu'alors même qu'un pays aurait mis en valeur toutes les ressources qu'il peut tirer de son sein, il n'a jamais fini, du moins, de faire fructifier le travail et l'industrie de ses habitants, outillage animé, de merveilleuse puissance. Il reste de très efficaces moyens d'accroître, dans une mesure indéfinie, la somme des biens qu'ils peuvent se partager. Tel est l'aboutissement des efforts combinés du commerce et de l'industrie ; grâce à eux la production du sol national s'augmente de la valeur incorporée, par la transformation ou le simple transport, dans des produits bruts, amenés de toutes les parties du monde.

« A quoi bon, dira-t-on aussi, se préoccuper du peuplement du reste du globe ? — Sur bien des points, l'expansion de notre race aura pour conséquence, sinon l'extermination, du moins, la disparition progressive des races qui les habitent. Notre humanité en subirait une grave atteinte ; l'être moral que nous réalisons en sortirait diminué. — Nous ne nous refusons pas, d'ailleurs, à tout mouvement de colonisation, mais faut-il en précipiter l'allure ? —

Nous concédons qu'il y a là un moyen de grande énergie pour stimuler la population, eh bien, nous trouvons que cela non plus n'est pas désirable ! — Notre esprit a été mis en éveil sur une destinée qui ne sera, malgré tout, que trop prochaine. La situation de notre globe est plus étroite et plus bornée que celle d'une place forte qu'assiègerait l'ennemi le plus impitoyable. La somme de nos subsistances est connue et mesurée. Imaginons encore que nous habitons une petite île perdue dans l'immensité des Océans ; la Terre n'est pas autre chose dans la profondeur des cieux. Elle est bien plus radicalement encore séparée de toutes les terres voisines de l'espace, car son isolement est définitif et sans remède. Aucune nouvelle de sa détresse ne saurait être donnée, aucun convoi lui arriver à travers l'éther, de quelque astre ému par le spectacle de sa misère. — C'est courir à une barbarie certaine, déchaînée par la faim et la misère, que de précipiter le peuplement du globe et d'épuiser ainsi, prématurément, les réserves de la nature. Qu'il nous suffise d'y marcher, de nous y sentir portés par un courant irrésistible ! Allons-nous faire force de rames pour en doubler la vitesse ? Vivre moins bien, pour arriver à vivre moins longtemps ? Ce serait pourtant l'absurde résultat d'une telle conduite. Dût sa part s'en trouver diminuée, que la France, du moins, ne donne pas ce spectacle au monde!... »

Ce ne sont pas là seulement raisonnements d'esprits amoureux de sophismes, ni bien moins encore, arguments de pure malice ; il n'y aurait pas autant de gens à se laisser guider par les sentiments qu'ils traduisent. Quelque chose de pire qu'une opinion y correspond : les pratiques d'un peuple qui, dans sa grande majorité, a perdu les raisons d'avoir confiance et la force de vouloir. — Crise morale (1), décadence physique, à la suite de pernicieux abus, mauvaises lois sur les héritages, fiscalité déplorable (2),

(1) Voici comment s'exprime M. P. Leroy-Beaulieu : « Le mal est en nous et ne peut être guéri par des remèdes extérieurs. *La question sociale se ramène à une question morale*. Il faut commencer la réforme sociale par la rénovation morale et par la *réforme individuelle* ». *(Quest. soc.)*

(2) Une association s'est récemment formée qui, sous un titre un peu long, poursuit une œuvre fort utile, c'est : « *l'Alliance nationale pour le relèvement de la population française par l'égalité des familles devant l'impôt* ». Modifier le régime des successions. — Exonérer de tous impôts directs les familles de plus de trois enfants. — Réformer, dans le même sens, les impôts de succession ; tels sont les

toutes ces causes, d'autres encore ont été invoquées pour rendre compte de l'atonie actuelle de notre race. — L'affaiblissement du sentiment religieux a-t-il suffi à laisser prévaloir les conseils de l'égoïsme ? Les longues et sanglantes guerres de la Révolution et de l'Empire, les progrès terrifiants de l'alcoolisme, ces deux causes n'ont-elles pas, l'une appauvri et avili, l'autre vicié gravement les sources mêmes de la vie ? N'est-il pas indéniable que nos lois successorales, avec leur principe de partage forcé et le droit de lotissement en nature, travaillent, depuis un siècle, à énerver la propriété et à fortifier l'égoïsme humain, si impressionné par la perspective de voir dissoudre et détruire l'établissement dans lequel on eût ambitionné de se survivre ? Tout cela ne contribue-t-il pas à faire accepter une stagnante et stérilisante médiocrité ? N'est-il pas surprenant, en outre, n'est-il pas invraisemblable que, depuis la pompeuse déclaration des droits de l'homme, nos législateurs et nos hommes d'Etat aient constamment invoqué le principe de la proportionalité de l'impôt, sans être frappés de l'incohérence qu'il y avait à faire peser sur le père de famille une charge double ou triple de celle du célibat ou des stériles unions ? Il y a, certes, là un bien fâcheux concours de causes diverses, dont les effets s'unissent pour les plus détestables influences.

Elles ne manquent pas, d'où qu'elles viennent, ces voix mauvaises conseillères des chevets ! Ce qu'il serait puéril de se dissimuler, c'est que l'infécondité absolue ou relative des unions est presque toujours voulue et, si la race s'en va à vau-l'eau, ce serait double mal d'ajouter l'hypocrisie à une immoralité qui est patente et flagrante, souvent, même, avouée. — Les criminalistes modernes veulent qu'avant de punir un coupable et pour bien le juger, la société fasse d'abord le compte de l'hérédité et de l'ambiance, dans la genèse de la faute. Ici, la coopération, la conjuration sociales, la complicité collective sont évidentes ; les espèces importent peu.

Aux grands maux, les grands remèdes ! s'exclame-t-on volontiers. Cette solennelle objurgation procède-t-elle, vraiment, d'un esprit

principaux articles de son programme. — Le fils unique paierait un droit plus élevé — De quoi se plaindrait-il ? disaient MM. Bertillon et Javal, s'il avait un frère, sa succession serait frappée d'une retenue de 50 p. 100 ! Argument inattendu, mais qui, après réflexion, se fait accepter.

très réfléchi ? Une exacte appréciation des événements démontre que les plus considérables d'entre eux dérivent souvent de faits, en apparence, insignifiants, de séries de petits faits. L'Océan lui-même n'est-il pas fait des gouttes d'eau qui lui sont venues de toutes les condensations opérées dans l'atmosphère ? De grands effets peuvent être obtenus par de petites pratiques, pourvu qu'il y soit mis de l'assiduité et de l'esprit de suite. Ainsi en serait-il des remèdes bien divers qui pourraient être appliqués à la situation présente ; c'est seulement sur le plus efficace que nous insistons au cours de cette étude.

La meilleure économie à faire est celle d'une révolution et, de même, la plus sûre victoire sera de prévenir une invasion, en la rendant impossible — C'est une mauvaise pratique, d'ailleurs, que de dissimuler son mal. Les calculs inavoués, il faut les rendre visibles... Un sauvage s'habille, aussitôt qu'on lui montre sa nudité. — Les préoccupations injustifiées et prématurées, il faut, de plus, en découvrir la source et en montrer le peu de valeur.

Notre pays peut nourrir beaucoup plus d'habitants qu'il n'en possède. Il reste, en France, 22 millions d'hectares de terres non cultivées (sur 53 millions), c'est-à-dire beaucoup plus du tiers, alors que les surfaces stériles n'y sont pas dans une proportion de plus de 6 %. En outre, et en dehors de certaines portions privilégiées, le sol est exploité d'une façon des plus grossières. — Plus les Français se multiplieront sur leur territoire, plus ils pourront fournir à l'émigration qui les sollicite. Les terres du globe ne sont pas près de manquer à l'homme et, en particulier, notre empire colonial sera, longtemps encore, loin d'avoir le peuplement dont il est susceptible.

Faut-il vraiment « faire honneur » à Malthus (1) d'avoir découvert

---

(1) Près d'un siècle avant Malthus (1766-1834) Giammaria Ortès (1713-1790) avait dit, en propres termes, que la population augmente en proportion géométrique, alors qu'en agriculture, le rendement n'était même pas proportionnel au travail — proposition aussi juste que celle de Malthus est vague et fantaisiste... La destruction mutuelle agit chez les espèces inférieures ; la raison et la prudence, dans l'espèce humaine... Le célibat peut être aussi nécessaire et aussi avantageux que le mariage. Il peut être, lui aussi, une institution et une dignité — Toutes ces pensées sont fort justes.

Senior écrivait, au contraire, que les subsistances tendaient à augmenter plus vite que la population.

C'est, avait déjà dit Smith, ce qui doit se passer dans un état bien gouverné : « la

le fameux principe de population ? Non, puisque lui-même s'aperçut un jour « qu'on y avait beaucoup travaillé » avant lui. Aussi vieille que le monde, cette question a dû, en fait, depuis longtemps, éveiller l'attention. Si personne n'y avait, jusque-là, autant insisté, c'est que l'intérêt n'en paraissait que comme tout théorique. La principale critique du système malthusien sera d'ailleurs, que son auteur s'est absolument mépris sur la portée pratique d'un principe, qui, de son temps, n'était pas d'actualité et n'en a acquis aucune depuis. — Va-t-on se réveiller la nuit pour songer aux calamités pouvant affliger les habitants de quelque astre lointain et, mortels et bornés en tout, devons-nous nous préoccuper de cataclysmes réservés à un globe également périssable, nous inquiéter de futurs avatars dont nous ne pourrions que si mal comprendre le sens et la valeur ? A chaque jour suffit sa peine, comme à chaque génération échoit sa tâche.

Aussi longtemps que flottera et sera habitable cette terre du ciel où nous vivons, le nombre des êtres animés qu'elle peut nourrir, celui des hommes en particulier, s'ajustera automatiquement au développement des denrées. S'il n'existe, théoriquement, aucune

---

demande d'hommes règle la production des hommes ». Pour Dupont de Nemours, « la difficulté des subsistances est la seule digue naturelle au torrent naturel qui verse sur la terre les êtres animés » Mirabeau père, l' « Ami des hommes » et l'école physiocratique estimaient que « la mesure de la subsistance est celle de la population. »

De même, pour l'Américain Carey (1793 1879). L'influence de la population sur la subsistance caractérise seulement les civilisations inférieures (Principles of social science). C'est aussi notre avis. Ne voit-on pas, au cœur de l'Afrique, des nègres s'entre-dévorer parfois, parce qu'ils ont faim, alors qu'ils habitent, clairsemés, les terres les plus fertiles.

Les idées de Bacon, sur ce sujet, n'étaient pas sans analogie avec celles dont devait s'éprendre Malthus.

Le général belge, Brialmont, qui ne se contente pas de faire tort à la mémoire de Vauban, ingénieur militaire, a été également jaloux de la renommée de l'auteur de la « Dîme royale ». Le pessimisme de cet officier est plus affligeant même que celui du pasteur Maltins. Les tables de l'arithmétique sociale en main, il a aisément prouvé (que ne prouve-t-on pas, avec des chiffres !) que, dans 400 ans, le *genus humanum* comptera 27 milliards et demi de têtes. Un beau geste, diraient nos décadents, pour les Caligula de l'avenir !

Or, d'après le général, le globe ne peut nourrir que 6 milliards d'êtres humains, chiffre *qui sera atteint dans 176 ans*. C'est calculé comme un retour de comète, ou comme la marche du système solaire vers la constellation d'Hercule. — S'autorisant de ces chiffres, un chanoine, belge aussi, M. Albert Battendier, a prouvé qu'en l'an 1590, il n'y avait qu'un seul couple humain à la surface du globe et que la première apparition de l'homme sur la terre a dû, sensiblement, coïncider avec la découverte de l'Amérique.

absurdité à voir un problème dans cette question des subsistances et à l'envisager, en fait, sa solution se trouve résider tout entière, dans le libre jeu des forces et des instincts ; les savants ou les penseurs auraient grand tort de chercher argument pour nous proposer des règles de conduite.

Ce qui fit le succès des théories du pasteur et économiste anglais, Malthus (1) ce fut son exagération même et une systématisation doctrinale qui n'avait pas de raison d'être ; ce furent des conclusions dont l'histoire passée et présente ne fournit aucune confirmation. Faits exceptionnels et momentanés, les famines des âges précédents ne pouvaient même pas lui servir d'argument.

Dire que la progression de la subsistance est de raison arithmétique, alors que celle de la population est de raison géométrique, c'est simplement avoir eu le dessin de frapper les esprits, en empruntant aux mathématiques, une formule dont, dès le premier moment, son initiateur lui-même a dû tempérer la rigueur. Après mûr examen, il faut simplement reconnaître, qu'en de certaines conditions qui seront, si l'on veut, de survenance, sinon plus fré-

---

(1) De la théorie malthusienne, il faut rapprocher la thèse darwiniste de la « survivance du plus fort » ou du « plus apte ». La légitimité n'en est pas contestée, mais c'est à condition de ne pas en tirer, en ce qui concerne notre espèce, des conclusions que la complexité des conditions sociales rendraient souvent bien vaines — Supposons cent nouveau-nés qu'on va élever ensemble, quel sera *le plus fort ?* Celui-là peut-être qui, à une époque de civilisation plus rude, aurait dû disparaître le premier. — Savant, penseur, homme d'Etat, l'influence de son esprit pourra être énorme sur son temps. — Aujourd'hui les faibles peuvent vivre, « survivre », eux qui, en d'autres temps, auraient dû disparaitre. — Mais se survivre à eux-mêmes ? Par une famille ? Habituellement, non, et c'est alors que la nature reprend ses droits. Bien mieux, c'est alors que nous voyons son vœu secondé par le progrès même qui semblait l'avoir vaincue. Songeons à ce qu'il en coûte de *faire vivre un être que le sort naturel avait condamné.* Et, ici, il faut aller des enfants mal venus à tous les écloppés de la vie, aux infirmes, aux incurables, aux vieillards même, à tous ceux qui se trouvent dans l'impossibilité de « gagner leur vie ». Que de travail consumé à faire vivre ceux qui en ont perdu la maîtrise personnelle ! Autant qui va manquer pour fomenter de nouvelles existences. — Or, et c'est là l'honneur de notre espèce, la tâche de la charité ne fait que grandir avec les progrès de la civilisation : notre sympathie déborde même sur les bêtes. C'est l'aliment d'une meilleure natalité qui est ainsi dépensé. — Le progrès trop rapide de la population se trouve donc retardé par celui de la charité. La vie n'est plus le champ de bataille sur lequel on laisse les blessés achever de mourir sans aucun secours. — Au *struggle for life*, fait heureusement place le *helf for life* « l'union pour la vie. » — Voilà le seul frein, celui de la pratique de la charité large et digne, voilà la seule restriction où la morale trouve son compte et dont il soit décent de parler.

quente, du moins plus normale, le mouvement de la population devance celui des subsistances [1].

Dans le pays de haute culture, mais de civilisation exclusive et formée de petites républiques jalouses et soigneusement closes, que fut la Grèce antique, îlot intellectuel, perdu un instant au milieu de flots de barbarie, où, de plus, l'organisation sociale avait pour base la légitimité de l'esclavage, la question de la population ne pouvait manquer de saisir les esprits. Platon, le divin Platon, admettait que la classe supérieure de la République devait pratiquer la communauté des femmes et que les parents pouvaient abandonner « exposer » leurs enfants. Dans la Sparte de Lycurgue, le « barathron » fonctionnait comme institution d'Etat. Les enfants, d'ailleurs, appartenaient à la République, dès l'âge de sept ans. Le large et robuste génie d'Aristote aurait étouffé dans la tour d'ivoire de Platon, mais il était grec et la vie de ce qu'on appelle, aujourd'hui, *the wide world*, *die weite Welt*, le globe, en un mot, ne pouvait pas lui apparaître [2]. C'est ce génie de raison qui estime importer à l'Etat de maintenir une juste proportion entre l'étendue du territoire et le chiffre de la population. Il se préoccupe des moyens et, deux mille ans avant Bacon et Malthus, recommande la continence anténuptiale, préconise les mariages tardifs et se montre si peu hostile à l'emploi des « pratiques préventives » qu'il admet la destruction des nouveaux-nés.

---

(1) Ce phénomène est bien plus général et d'une portée bien autre que ce qu'il était apparu à Malthus. C'est à chaque instant et continuellement que la somme, d'ailleurs *si compressible*, des besoins et des désirs, c'est tout un, l'emporte sur celle de nos ressources et de la subsistance, et c'est le travail, d'essence *si extensible*, qui tend continuellement à rétablir l'équilibre. C'est l'intensité du besoin et du désir qui règle celle du travail et stimule son ingéniosité — Prenons un exemple qui tienne de près à notre sujet. Des bêtes aux gens, quel est le stimulant le plus puissant du travail ? La famille à élever, les petits à nourrir. C'est à cette tâche que les animaux donnent les meilleures marques de leur intelligence et de leur activité. Ils y gagnent, parfois, de toucher à l'humanité. — Après une vingtaine d'années d'une pratique également heureuse d'un négoce ou d'une industrie, que feront le couple resté sans enfants et celui qui en possède ? L'un se retirera pour aller vivre de ses rentes, parasiter en pleine force productive ; quant à l'autre, il songera à ses enfants, plus tard même, au besoin, aux enfants de ses enfants, et, bien que, pour un même degré de fortune, il ait dû beaucoup plus travailler et produire que le couple stérile, c'est de bon cœur qu'il restera à la tâche. — Limiter la famille, c'est limiter, énerver le travail ; la supprimer, c'est arrêter l'accroissement de tout patrimoine.

(2) Il est bon de rappeler encore, à l'excuse de ces idées, ce qu'était le monde connu ou imaginé par les Anciens.

Tout autre, dès sa fondation, fut la politique de Rome ; on sait de quels moyens singulièrement énergiques elle usa même, tout d'abord, pour multiplier les mariages. L'enlèvement des Sabines ne dut pas être un épisode isolé. Il lui fallait des soldats pour la conquête de l'Italie et elle n'en manqua pas. Quand il fallut en trouver pour faire et pour garder la conquête du monde, ses empereurs firent les premiers l'épreuve que ce qu'on a depuis appelé le « malthusisme » n'a nullement besoin, pour sévir, d'être érigé en doctrine d'Etat. A mesure que les dépouilles des peuples vaincus s'accumulaient à Rome, que les tributs dont ils étaient frappés y faisaient affluer les denrées, les « latifundiaires » dont parle Pline, absorbaient le sol italique affranchi du travail et développaient les *villarum infinita spatia* dont s'alarmait Tacite. Les faits venaient donner un démenti anticipé, mais énergique, aux prôneurs d'empêchements préventifs, comme aux apologistes de la supériorité économique de la grande sur la petite propriété, cette erreur de haute envergure dans laquelle se complaisent certains esprits éminents de notre époque même.

Ces patriciens, ces affranchis surtout, trouvaient que leur sol était trop noble pour produire, semblable par là à ses propriétaires mêmes qui ne voulaient vraiment plus prendre la peine de se donner un héritier de leur sang ; ils aimaient mieux choisir cela tout fait, en adoptant un de leurs parasites.

Les lois caducaires dont Rome avait frappé les *cœlibes* et les *orbi* (1), lui donnèrent-elles des mariages et des enfants? Il ne serait pas juste de dire qu'elles y furent de nul effet. Montesquieu pense qu'elles ont prolongé de quatre siècles l'existence de l'em-

(1) Lex Julia : *De maritandis ordinibus* ; Lex Papia Poppœa. On était réputé *cœlebs* à partir de 25 ans pour les hommes et de 20 ans pour les femmes. Le *cœlebs*, ne jouissait pas du *jus capiendi*, sa part accroissait aux *patres* et, à défaut, au *fisc*. L'*orbus* subissait le *caducum* pour moitié. Le *cœlebs* était, en outre, exclu des fonctions publiques. — A mérite égal, le père de la famille la plus nombreuse jouissait d'un droit de préférence. — Le conjoint n'avait le *jus capiendi* que s'il existait des enfants : sinon il ne pouvait recevoir qu'un dixième. — On aurait beaucoup fait en France si, simplement, on ne faisait pas peser sur le *paterfamilias* des charges fiscales doubles ou triples de celles qu'acquitte l'*orbus* ou le *cœlebs*. — Les deux lois caducaires précitées (nous ne parlons pas de la loi *Junia Norbana*, spéciale aux affranchis latins-juniens) sont de 757 et de 762. Instituées par Auguste, elles ne furent abrogées que par Constantin, qui maintint cependant aux *patres* le *jus vindicandi* des autres *caduca*.

pire, alors que c'est à leur sujet, sans nul doute, qu'Horace disait :

> ...*Quid leges, sine moribus,*
> *Vanæ proficiunt?* (III-24)

Mais le mal était trop général et trop profond ; comme toujours, les lois devaient être moins fortes que les mœurs. La faiblesse démogénique de la Rome impériale ne tenait-elle pas, d'ailleurs, à son omnipotence même ? Les forces s'aiguisent et s'entretiennent dans la lutte. Pour les peuples comme pour les individus, la plus vive est la lutte pour l'existence ; celle qui se fait pour la domination et pour l'empire, peut être plus savante et plus méthodique, mais elle reste moins ardente. Une fois atteint ce but, la combattivité s'émousse, puis disparaît. « Par leurs fortes vertus, par leurs mœurs austères, dit Duruy, les Romains d'alors méritaient l'empire : par leur discipline et leur courage, ils l'avaient obtenu ; par leur union, ils le conservaient. » Paroles fort justes avant les derniers temps de la République ; mais la vigueur des forces élémentaires appelées à former cette union, ne fut pas maintenue dans le triomphe.

Les esclaves et les mercenaires furent une bien triste moisson de conquête. Les Romains perdirent tout contact avec le fer de la charrue, de l'outil ou des armes. — Il est à méditer longuement, le sort de ce fameux empire dont les citoyens avaient rejeté le salutaire fardeau de l'impôt des biens et du sang, du travail et de la famille. L'exemple de Carthage, qu'ils avaient vaincue, fut perdu pour les Maitres du monde ; ils s'étaient condamnés à cesser de l'être, le jour où ils confièrent, eux aussi, à des « barbares » le soin de leur gloire et les frontières de leur empire [1]. — Rappelons cependant que les armées romaines continuèrent, quand même, à posséder au plus haut degré, la valeur militaire ; jusqu'au jour de l'écroulement final, chefs et soldats furent hautement supérieurs aux bandes des envahisseurs ; mais le lien moral, l'âme de la patrie, ils ne l'avaient plus dans leurs rangs.

---

(1) C'est peut-être un gage de succès pour l'expansion européenne et l'avenir de la race blanche que l'unité politique n'ait pas encore été réalisée. L'avènement de la paix universelle sera sans doute le signal d'un abaissement de cette vigueur d'expansion dont la natalité est un élément. Cela ne doit pas nous empêcher de trouver que la paix « est un beau rêve ».

C'est notre sécurité et notre honneur, dans l'éclipse d'autres forces bien précieuses pourtant, d'avoir une armée solide, bien disciplinée et patriotique ; mais c'est un fardeau bien pesant, c'est le fardeau de la guerre en pleine paix, que l'entretien de nos énormes armées permanentes. Ce fardeau sera d'autant plus lourd qu'il portera sur moins d'épaules (V. chap. II, p. 27). — Qu'il s'agisse d'avoir des soldats, qu'il s'agisse d'avoir des colons, le problème reste le même, toujours. Pour en avoir davantage, pour les avoir meilleurs [1], c'est dans une population de plus en plus nombreuse qu'il faut les recruter.

Mais faisons un pas de plus : s'il était vrai que le globe fût peuplé d'autant d'êtres humains qu'il peut en nourrir, ou qu'il fût sur le point d'en être ainsi, on ne saurait en conclure qu'il y eût lieu de contrarier, chez nous, le mouvement de la population. Un tel raisonnement, dans l'état de division politique actuelle du monde, et alors que d'autres races continueraient à s'accroître, équivaudrait à déclarer que la nôtre doit se condamner à être submergée. Les races humaines, en effet, ne se comportent pas autrement entre elles que ne le font, à l'égard les unes des autres, les espèces végétales ou animales, où l'habitat de chacune ne se développe qu'au détriment de celles qui requièrent les mêmes éléments de subsistance.

Nous sommes loin, en vérité, de la supposition précédente ; la colonisation humaine du globe est si peu terminée qu'elle semble commencer à peine. Elle n'aura pris fin, théoriquement, que le jour où la diffusion de la race blanche étant devenue universelle [2], chaque région de la terre se trouvera posséder le maximum d'individus qu'elle est en état de nourrir [3].

---

(1) C'est dans les régions où la conscription est la moins abondante qu'elle est aussi la plus médiocre et qu'il y a le plus d'exemptions.

(2) Nous n'entendons pas dire que cette diffusion se fera sans conteste ni sans mélange. Les éléments supérieurs des autres races se feront admettre dans les rangs de la colonisation indo-européenne. La « contribution » des races jaunes sera particulièrement importante ; mais la race noire lui donnera son aristocratie. Ce sera, si on veut, le « café au lait » entrevu par certains ethnologues (V. même chap., p. 52 note).

(3) Ceci ne doit pas être pris au pied de la lettre : la quantité d'individus vivant dans un espace déterminé n'est nullement celle que les produits naturels de cette région pourraient faire subsister. Ce ne serait exact que pour les habitants d'un district agricole, consommant, sans aucun échange, les fruits de leur terroir. — L'échange affecte

Il faut remarquer aussi que, pour n'importe quel degré de civilisation, la répartition des hommes dans les divers pays, et, pour un pays donné, dans chaque district, n'a jamais rien de définitif. Tel produit naturel s'épuise, telle industrie se déplace, qui faisaient vivre des milliers d'individus ; ce sont là les résultats des influences économiques, lesquelles tendent, désormais, à prévaloir.

Jusqu'ici, cependant, les faits de dépopulation ou de surpeuplement se sont surtout manifestés à la suite de violentes perturbations militaires et politiques. Des attentats et des violences de cette nature se retrouvent à chaque page de l'Histoire. Un exemple fameux, qui se perpétue depuis plus de deux siècles, pour l'indélébile honte d'un grand pays, nous en serait fourni par la malheureuse Irlande : dépossession, transportation, transplantation, évictions, violences morales et matérielles, ce pays a tout connu... La race est-elle aujourd'hui terrassée (1) ?... *Ubi solitudinem faciunt, ibi pacem appellant.* La germanisation de la Pologne se fait par une immigration subventionnée. La violence s'abrite ici derrière la forme contractuelle.

A quel point, en résumé, les diverses régions du globe sont éloignées de leur degré de saturation démotique, une rapide revue présentée sous forme de tableau va nous permettre de nous en rendre compte :

---

aujourd'hui tant de formes (négoce, impôts, services publics, etc.) qu'il faudrait imaginer une île perdue en plein Océan et ignorée du reste du monde. — Si l'on considère une ville, un centre industriel, une plage mondaine de la Manche ou de l'Océan, la « Côte d'Azur » ou les montagnes de la Suisse, on trouve une population flottante ou fixe dont la densité n'a aucun rapport avec la fertilité du fonds. Celui-ci finit par devenir chose intrinsèquement indifférente. C'est une simple plateforme, tantôt atelier privilégié par diverses circonstances, tantôt scène à distractions et à plaisir ; la subsistance matérielle vient d'ailleurs.

(1) Pendant ces dernières années, l'Irlande s'est rapidement dépeuplée, perdant annuellement de 40 à 50.000 individus. Les Irlandais émigrent en masse aux Etats-Unis et dans les centres industriels anglais. Ils sont fort nombreux en Amérique. 10 millions disent les uns, 20 millions a affirmé l'un d'entre eux, montrant, d'ailleurs, qu'en dépit de la langue, l'Anglo-Saxon ne forme qu'une petite minorité, dans les 72 millions d'habitants que possède la grande République. Il y aurait, entr'autres éléments, 5 millions de Français et autant de Franco-Canadiens, soit près de 30 millions de Celtes.

PARTIES DU MONDE	CONTRÉES OU RÉGIONS	SUPERFICIE	POPULATION	DENSITÉ (kilom 2)
EUROPE Sup. : 9.743.763 k² Pop. : 374.580.000 Densité moyenne (k²) : 38,4	Grande-Bretagne.	313.336	39.466.000	126
	Belgique........	29.457	6.496.000	218
	France..........	536.494	38.518.000	72
	Espagne.........	504.517	17.700.000	35
	Portugal.........	89.372	4.700.000	51
	Italie	286.589	31.200.000	109
	Pays-Bas........	33.000	4.800.000	150
	Allemagne.......	540.583	54.200.000	100
	Autriche-Hongrie.	625.557	42.500.000	66
	Danemark	38.279	2.300.000	60
	Suède-Norwège...	772.879	7.000.000	9
	Russie d'Europe..	5.390.000	105.300.000	19.5
	Etats balkaniques	583.700	20.400.000	35
ASIE Sup. : 43 830 000 k² Pop. : 883.600.000 Densité (k²) : 20	Asie russe........	16.023.000	11.500.000	0.7
	Chine et Corée ...	11.249.000	406.000.000	37
	Japon...........	417.000	44.500.000	101
	Indo-Chine	2.400.000	38.600.000	18
	Insulinde........	2.480 000	41.000.000	16.5
	Hindoustan......	3.838.000	300.000.000	80
	Asie antérieure..	7.753.000	42.000.000	5.5
AFRIQUE Sup. : 29.843.000 k² Pop. : 172.495.000 Densité (k²) : 5,8	Afrique du Nord.	3.565.000	21.820.000	6
	Sahara..........	6.200.000	2.500.000	0.4
	Afrique du N.-E..	4.578.000	28.525.000	6
	Soudan central...	1.548.000	27,300.000	17
	Soudan occidental	2.160.000	34.000.000	15.5
	Afrique tropicale.	9.860.000	48 000.000	5
	Afrique du Sud...	1 317.000	3.550.000	2.7
	Madagascar et îles	615 000	6.500.000	10.5
AMÉRIQUE Sup. : 38.168.000 k² Pop. : 138.200.000 Densité : (k²) : 3.6	Dominion et Alaska	9.810.080	5.500.000	0.6
	Etats-Unis.......	7.780.000	72.000.000	9.2
	Mexique et Am. centrale.	2.355.000	16.500.000	6
	Antilles..........	243.000	4.500.000	18
	Col. Eq. Vénéz. Guyanes.	3.158.000	7.500.000	2
	Amazonie (Brésil).	8.337.000	16.000.000	1.9
	Sud-Amérique....	6.485.000	16.200.000	2.5
OCÉANIE Sup. : 8.900.000 k² Pop. : 6.000.000 Densité (k²) : 6,8.	Australie et Tasmanie...	7 700.000	4.000.000	0.5
	Grandes îles.....	1.160.000	1.700.000	1
	Polynésie........	40.000	300.000	7

Superficie totale du globe.......................... 509.950.000 k²

Terres émergentes (non compris les terres polaires)		
	Superficie...........	130.485.000 k²
	Population...........	1.574.575.000
	Densité kilométrique.	12

Ces chiffres (1) sont, pour la plus grande partie, empruntés au traité de Géographie de M. Marcel Dubois (Ed. de 1897); un certain nombre ont été pris dans des publications à données plus récentes; l'approximation en est assez grande pour la conclusion que nous avons à en tirer. La densité moyenne générale, pour le monde entier, est-elle du tiers, du quart, du cinquième, moins peut-être encore, de ce qu'elle pourrait être ? Il est certain, en tout cas, qu'elle est largement inférieure à ce que nous appellerions : la valeur substantielle (ou démotrophique) moyenne des terres habitables. — Si manger reste toujours le grand problème, les éléments ne sont pas près de manquer pour le résoudre.

En Asie, en Afrique, en Australie, en Amérique même, se trouvent, il est vrai, de vastes régions presque absolument soustraites aux précipitations atmosphériques : au nord de l'Asie et de l'Amérique boréales gisent également d'immenses territoires qui ne sont que solitudes glacées. Il en est de même des hauts plateaux asiatiques et de tous les sommets que recouvrent des neiges éternelles. Le cinquième, environ, des terres émergées semblerait ainsi fermé à la productivité, si ce n'est à l'habitabilité.

Cette stérilité est, toutefois, chose relative. Une irrigation bien entendue peut conquérir, et souvent (Afrique du Nord, Mésopotamie, etc....) ce ne serait que *reconquérir*, de très grands espaces à la culture. Il en est de même de l'assèchement pour les marais. En outre, tout ce qui peut rester de réfractaire à la culture, ne l'est point, par le fait même, à l'exploitation et à la productivité (gorges et vallées brûlantes et arides de la Californie, vastes plaines glacées du Mackenzie et du Yukon, dans l'Alaska et la Colombie britannique). De l'or, du charbon, du fer, du pétrole, d'autres richesses minérales, on peut en trouver encore sous les « toundras » désolées qui, le long de l'Océan arctique, font à la Sibérie un large marchepied de glace. La végétation herbacée est, d'ailleurs, très active pendant les courts étés des terres boréales et, sous les hautes latitudes, le

(1) La répartition par races serait approximativement la suivante :

Blancs...............	530.000.000	
Jaunes...............	500.000.000	Ce milliard de jaunes, Hindous, Turcs, Arabes, etc.., donnerait, certainement, une sélection de 500 millions d'hommes destinés à concourir avec autant de blancs, au peuplement définitif du globe (Voir ci-dessus, note 2 de la page 49).
Indous et Malais....	400.000.000	
Turcs, Arabes, etc...	70.000.000	
Popul. inférieures..	74.000.000.	

poisson abonde encore dans les eaux de la mer et des fleuves. Les progrès de l'habitation et du vêtement, ceux de l'alimentation seront tels bientôt que l'industrie humaine peut très bien réussir à rendre ces régions parfaitement habitables [1]. L'homme a déjà atteint le pôle du froid ; il vit et hiverne à Verkojansk et y affronte des températures qui peuvent tomber à — 70°. C'est plus que n'en a éprouvé Jansen et ses compagnons sur la banquise polaire, où il a passé deux hivers, dont l'un avec des moyens qui nous paraîtraient héroïques pour les tièdes frimas de nos latitudes [2].

Quant aux pays chauds, certains pourraient nourrir des fourmilières humaines (Amazonie, Afrique équatoriale, Insulinde...). Les Européens peuvent, d'ailleurs, très bien s'acclimater dans tous les pays et la preuve en est faite depuis si longtemps [3] que nous avouons ne pas comprendre la plupart des restrictions avec lesquelles on parle de la colonisation intertropicale.

Qu'on suppose un homme pouvant, sans fatigue aucune, se passer de dormir, quelle supériorité n'aurait-il pas pour travailler et produire ! Tel, et non moindre, est l'avantage, telle est ce qu'on pourrait appeler « la *rente climatique* » des pays chauds.

Aussi, et loin de penser que la terre va être sur le point de manquer, dirons-nous qu'avec les progrès actuels de l'industrie agricole (et tels pays et districts de l'Europe ou de l'Extrême-Orient sont là pour le prouver), il n'est pas de terrain, y compris ceux où la densité démotique paraît assez forte, dont la population ne puisse progresser encore. Beaucoup de pays, et le nôtre compris, en sont à une semi-barbarie pour l'utilisation de leur force productrice, et l'état de l'immense majorité des terres est tel, en dehors de l'Europe et de certains cantons d'autres régions, qu'elles peuvent-être regardées comme à peu près incultes. — « Un trésor est caché

(1) Aurait-on compris, chez les Grecs et les Romains, qu'on pût en venir à vivre d'une façon si confortable dans l'extrême Scythie et jusqu'en Scandinavie au-delà de de leur « ultima Thule » ? — Le nègre qui erre tout nu dans la brousse ou sous la sylve tropicale et qui grelotte quand le mercure descend au-dessous de + 18°, le comprendrait-il encore de nos jours ?

(2) Ils saluaient avec joie les détentes qui ramenaient le thermomètre à — 24°; tel est l'effet de l'accoutumance. C'était pour eux, nos tièdes bouffées du S.-O. — C'est une chose marquable que l'extraordinaire faculté d'accommodation de l'homme, de celui de race supérieure, surtout, vis-à-vis, des climats les plus variés.

(3) V. 2e Partie, Chap. III.

dedans » ! Que de soins réclame le sol pour le livrer dans son entier !

Nous n'avons, jusqu'ici, parlé que de la terre ferme ; il n'est jamais, en effet, guère question que de cela. Il est nécessaire de mentionner, cependant, que les espaces couverts d'eau ne sont nullement perdus pour la production... Les fleuves et rivières, les lacs, étangs et pièces d'eau, les milliers de lieues de bordure maritime, les vastes hauts et bas-fonds des mers et océans, quelle prodigieuse richesse ichthyologique cela ne représente-t-il pas ? Or, l'exploitation en est pour ainsi dire nulle, puisque non seulement les procédés de capture sont à la fois destructeurs et primitifs, mais encore l'aquiculture et la piscifacture, c'est-à-dire l'ensemencement des eaux et l'élève du poisson, ne sont pas sorties de la période des plus modestes essais.

On sait combien peu nombreux sont les éléments primitifs concourant à la subsistance de l'homme et par quelles inépuisables masses, l'air et l'eau et le premier sol venu les mettent à sa disposition. Ne pourra-t-il, un prochain jour, se passer du long processus de la nature et du coûteux laboratoire des animaux et des plantes, et composer, de toutes pièces, l'aliment chimiquement si simple que réclament ses organes ? Ce jour-là, où on pourrait ainsi, à la lettre, « prendre dans le tas », n'est peut-être pas très éloigné de nous.

Admettons, pourtant, que cet espoir soit chimérique ; supposons aussi que doivent s'épuiser tous les gisements carbonifères, tous les réservoirs pétroléogènes découverts et à découvrir, la fertilité à peine entamée du sol et les autres réserves naturelles de forces sont telles qu'il serait puéril, pour les générations actuelles, d'avoir un souci autre que d'user à propos de ce qu'elles ont sous la main. Vienne même le moment où ce globe porterait le maximum d'êtres humains qu'il peut faire subsister, l'équilibre se maintiendrait, n'en doutons pas, sans qu'aucun économiste dogmatise, ni sans que les parlements légifèrent — Que s'est-il passé dans les iles de peuplement ancien et malgré que certaines n'eussent que de très rares relations possibles avec d'autres terres ? Mais que se passe-t-il, aujourd'hui même, sur tels de nos plus fertiles terroirs ? Il n'est certes nullement besoin de parler d'empêchements positifs et préventifs.

Qu'observons-nous, en effet ? La natalité ne semble-t-elle pas être en double raison inverse de ce qui devrait la favoriser : la fécondité du sol et l'aisance des classes dans lesquelles se contractent les unions ? (1) Combien était ridicule l'appel malthusien aux verges de la nature, pour châtier des couples inconsidérément prolifères ? Appel immoral aussi et bien fait pour surprendre dans la bouche d'un ministre de religion (2). La plus haute raison de l'ordre originel et divin de multiplier, n'aurait-elle pas dû lui apparaître ? Les philosophes chinois avaient su dire que l'homme était l'âme de la nature. L'apôtre Paul, dont Malthus aurait pu considérer les paroles, avait écrit magnifiquement : « Vous êtes les temples de l'Esprit ! » Si, à un moment où il était si visible que la terre pouvait porter de nombreux millions d'êtres humains de plus, l'influence malthusienne a pu avoir pour résultat de barrer la route de l'existence à ce qui serait devenu des milliers d'âmes humaines, forme vraiment supérieure, quel que soit le point de vue auquel on se place, de toute richesse et de toute vie, on ne trouvera sans doute pas de blâme assez sévère pour qualifier une telle œuvre. Les verges de la nature ! Justice immanente des choses, serait-on tenté de dire, ne retombent-elles point, par un retour bien mérité, sur les heureux et les privilégiés, en les exterminant dans leur race ? La justice humaine veut, sur le champ, être satisfaite et souvent manque son but ; celle de la nature est moins pressée d'agir. L'âge mûr paie souvent les fautes de la jeunesse et la vieillesse celles de la vie entière ; la nature se trouve suffisamment vengée par la disparition de

---

(1) Dans certains quartiers, à Paris, celui de l'Observatoire, entr'autres, la natalité approche de 40 p. 1000 ; elle n'atteint pas 17 p. 1000 dans les Champs-Elysées. — Elle décroît, chez l'homme, dans les classes riches, comme chez les animaux dans les espèces perfectionnées. — Les voilà bien les fameuses « verges » ! Ce serait le cas de dire : ivresse et poison ! *castigat ridendo.* — C'est sans doute que dans les pléthores, surmenages et dégénérescences, la vigueur commence par se retirer des fonctions les moins utiles à la vie individuelle.... assurément ; d'où les pratiques dont sont victimes les animaux à « viande » ou à « graisse ». — Ne dit-on pas aussi que ces « ectomies » ne sont plus chose inconnue dans certains milieux ultra-mondains et que... ça ne se porte plus en Angleterre... et même ailleurs... Allons, gentlemen, ladies et « toutes belles » faites vos jeux.... La nature a décidément, pour les inutiles, une horreur aussi prononcée que pour le vide.

(2) Cet étrange pasteur d'âmes disait encore : « l'homme qui naît dans un monde déjà occupé n'a pas le moindre droit de réclamer une portion quelconque de nourriture et il est réellement de trop sur la terre... La nature lui commande de s'en aller et elle ne tarde pas à mettre *elle-même* (?) cet ordre à exécution ».

ceux qui sont restés sourds à ses appels ; elle les fait mourir tout entiers [1].

Si ce n'était cette plus grande famille que forme la Patrie, chacun pourrait plus facilement se désintéresser de ce qui se passe autour de lui : si ce n'était l'étroite solidarité dans laquelle doivent vivre les membres de toutes les communautés diverses que forment, de quelques noms qu'il puissent d'ailleurs s'appeler, tous les groupements humains, si cette solidarité vis-à-vis de tout devoir patriotique, fiscal ou social, n'était pas telle que le fardeau des uns ne peut être allégé ou déplacé sans que celui des autres ne se trouve aggravé d'autant, chacun pourrait être laissé aux inspirations de sa fantaisie, quelque dommage que la loi morale dût en éprouver dans sa personne. — Mais la société, telle qu'elle est, ne se discute pas, elle s'impose. Il n'est pas besoin de refaire le raisonnement de Pascal pour établir que, vis-à-vis d'elle aussi, il faut « prendre parti ». Celui qui n'est pas avec tous est contre tous, celui qui ne travaille pas, vit, sans aucun droit, sur le travail des autres; or, se créer une famille, élever des enfants, ce n'est pas autre chose, et cette assertion est irréfutable, qu'assumer son lot dans une tâche qui s'impose à tous.

On a pu expliquer et justifier comment, dans le passé, et chez nous, comme chez des peuples plus anciens, il a pu se former des ordres, des castes, dont la raison d'être et les privilèges se tiraient du soin de défendre le pays, de l'entretenir dans l'observance d'une loi religieuse, ou dans celle de la loi civile et pénale, souvent, d'ailleurs, confondue avec la précédente. Ordres et castes ont peu à peu disparu avec le but qui les avait fait surgir. Le frêlon lui-même a son rôle dans la ruche ; ce rôle rempli, il disparaît, on l'élimine. — Quel est le rôle de l'oisif dans la société, de celui, c'est-à-dire, qui n'a jamais fourni « aucune carrière » ni rendu aucun service? C'est un poids mort, un élément, même, de désagrégation sociale et morale. Loin qu'il participe au soutien de la défense commune, ce sera aux fils de celui dont il a pu finement railler l'imprévoyance, à défendre contre le vol, le meurtre, ou l'invasion, sa vie, son patrimoine et sa nationalité. Toute la figure qu'il fait

(1) Nos enfants, la famille, voilà le *monumentum ære perennius*, par lequel l'on doit ambitionner de marquer sa vie, et ce qui doit permettre au plus modeste de dire : « *non omnis moriar,* » « *meliorque pars mei,* » etc...

sur la scène du monde, tout l'appareil sous lequel il se produit et le ton même avec lequel il parle, tout ce qui le hausse ou dont il se pare pour tirer avantage, est, soyons euphémiste.... emprunté [1]. — La société serait-elle désarmée contre un tel abus et aucune des lois, de ces « justes lois », si lourdes au commun et aux humbles [2] et qui les atteignent immanquablement et si vite, ne parviendrait pas à ces inutiles, et, fiscalement, ou par le jeu de certaines incapacités on ne les contraindrait pas... à se soumettre ou à se demettre! La pire anarchie, qui ne le voit, n'est-elle pas celle dont de telles gens donnent l'exemple ?

Ce que peut mériter l'oisiveté doit se dire des trafics malhonnêtes dont l'influence démoralisatrice et l'effet stérilisant ne sont pas moindres. Quels peuvent être les principes, les « archies », les règles maitresses de tout ordre politique ou social, chacun le sait et le sent. Comme l'existence même des oisifs, les agissements immoraux des trafiquants ne sont autre chose que de l'anarchie mal nommée. Il faudrait rendre aux lois leur juste effet et les faire travailler dans le sens de leur institution, conforme assurément, à la défense de la race comme à celle de l'individu et plus même à celle de la race, car c'est la permanence de la Patrie à laquelle les lois vont jusqu'à ordonner le sacrifice et l'immolation des individus [3]. — La protection bien comprise du travail, où la vie sociale trouve tout son aliment, doit être un des principaux soucis du législateur.

---

(1) « Tu te trompes, Philémon, si avec ce carosse brillant, » etc... (La Bruyère : *Le Mérite personnel.*) « Votre âme et votre corps sont d'eux-mêmes indifférents à l'état de batelier ou à celui de duc. » (Pascal : *Discours sur la condition des Grands.*)

(2) « Les crimes sont, en effet, divisés, ici, en grands et petits d'une façon au moins singulière. Si, par exemple, vous faites un faux billet de 50 francs, vous commettez un grand crime et l'on vous expédie dans une île lointaine, aux travaux forcés. — Si, au contraire, vous vous procurez adroitement cent millions en ruinant vingt familles, vous ne pouvez être condamné à plus de trois ans de prison, car vous n'avez commis qu'un petit crime. Je vis donc condamner à la prison des gens qui n'étaient guère coupables que de peccadilles. J'en entendis acquitter d'autres qui avaient causé des dommages considérables... »

Il est visible que cette citation n'est pas empruntée aux *Lettres Persanes* ; ce n'est pas du Montesquieu, ce n'est que du Tcheng-ki-Tong. Et cela ne lui a même pas réussi en Chine, d'avoir eu de l'esprit... en français.

(3) Faire tuer *pro aris et focis* des foules de « sans feu ni lieu », c'est renouveler les sacrifices de Moloch. « Eh quoi! les bêtes sauvages ont leurs tannières et ceux qui versent leur sang pour l'Italie ne possèdent rien que l'air qu'il respirent... Les généraux les trompent quand ils les exhortent à combattre pour les temples des dieux,

— Aucune raison, aucun prétexte même méritant discussion, ne peuvent être donnés de l'abstention vis-à-vis de la race dont le devoir commande aussi impérieusement que celui du travail.

Nous habitons un pays qui, par sa valeur productive, peut se classer parmi les contrées privilégiées ; l'exemple d'autres pays moins favorisés peut-être, démontre qu'une population, double de celle qu'il possède, y trouverait aisément sa subsistance. Notre outillage agricole semble des plus rudimentaires ; nos terres sont, de plus, presque partout grossièrement exploitées ; l'utilisation des ressources et des forces naturelles nous est à peine connue. La production agraire pourrait être doublée, la production industrielle triplée ; l'esprit est, chez nous, inventif, la main-d'œuvre laborieuse et habile. Notre empire colonial peut devenir et rester longtemps pour nous un marché privilégié où aucun encombrement ne serait à redouter. — Nous pouvons multiplier sans aucune crainte, et notre population et les produits de notre industrie. — Il faut, par une initiative vigoureuse rompre délibérément avec les funestes pratiques où se perdent le génie et la vie même de notre race. La situation est telle qu'elle suffirait à légitimer les mesures les plus graves. Alors que nous subordonnons tout à la défense de notre pays et que nos armées ou nos flottes nous coûtent plus d'un milliard par an (1), chaque année qui passe, équivaut pour nous à la perte d'une grande bataille, puisque nos voisins, en face desquels nous sommes en perpétuelle veillée d'armes, grossissent leurs rangs, annuellement, de plus d'un demi-million d'hommes (2). — C'est une question de salut à tout prix. Tout serait juste pour mettre fin à un état de choses qui nous fait ainsi déchoir à grands pas.

Mais, faut-il rêver de violences, même légales ? Remettre en discussion les lois qui régissent la propriété ou les héritages ? De

---

pour les tombeaux de leurs pères... Ils ne combattent, ils ne meurent que pour nourrir le luxe et l'opulence de quelques-uns. On les appelle les maîtres du monde et ils n'ont pas en propriété une motte de terre ». Ces âpres paroles du tribun Tibérius Gracchus ne pourraient-elles pas justement encore être entendues ? Les luttes du travail sont, en outre, aussi dures aujourd'hui que l'étaient jadis celles des armes ; elles ne fournissent pas un pain meilleur et ne donnent pas plus de droit au foyer.

(1) 1.078 millions, en 1898 (pensions militaires et allocations diverses comprises).

(2) Il en émigre environ la moitié dont la plus forte part, de beaucoup, se rend dans l'Amérique du Nord.

ces lois, ils ne faut certes pas en avoir la superstition ; elles ne sont ni nécessaires, ni définitives ; elles ne sont plus ce qu'elles ont naguère été et elles sont sûrement destinées à changer encore. — La loi, c'est ce qui est expédient au bien commun, et les institutions humaines ne sont toutes, sans exception, que de modestes chapitres de cette grande *Histoire des Variations* que nous appelons le *Progrès*. — La France, toutefois, n'est pas située en quelque île d' « Utopie », le temps des écoles est passé d'ailleurs, pour les peuples de l'Europe ; c'est tout de suite qu'il faut aviser et agir. — Notre force d'expansion a subi une grave atteinte ; les ressorts de la race se sont affaiblis, son énergie est tombée, sa natalité s'est ralentie et nous avons perdu de vue le sens et la valeur de notre mission dans le monde.

Nous avons cru pouvoir nous suffire, bien vivre entre nous, dans les limites de nos frontières... Les peuples heureux n'ont pas d'histoire !... Sot propos, car il a jusqu'ici fallu que tous les peuples aient une histoire, et lorsqu'ils n'ont pu continuer à l'écrire eux-mêmes, l'etranger est venu qui, de la pointe rougie de sang, de son épée, a tracé le mot : Fin — *Finis Romæ! Finis Poloniæ!* Ne croyons pas que la terre s'arrêterait de tourner, ni le soleil de luire, le jour où l'on aurait écrit : *Finis Galliæ*. Ce cri sauvage résume les vœux de nos ennemis, et nos ennemis sont puissants. Il peut arriver que les épées ne se croisent plus que bien rarement sur les plaines de l'Europe dont les cartes portent si fréquemment ce signe fatidique. Mais les orages que sont les guerres ont gagné en violence ce qu'ils ont perdu comme fréquence. D'ailleurs, la lutte ne s'éteint pas, elle s'est portée sur d'autres terrains et sur une autre scène. La guerre est devenue, en ce moment, économique et coloniale ; elle ne demande ni une moindre vigilance, ni de moindres efforts. C'est en Afrique et en Asie que les grands Etats européens se livrent, aujourd'hui, assaut. Nous y avons heureusement marqué nos positions et notre lot ne laisse pas d'être fort enviable. Ce qu'il faut et ce qui ne saurait être mis à trop haut prix, c'est apprendre aux Français le chemin de leurs nouveaux domaines.

Au point critique où nous en sommes de l'Histoire, nous n'avons pas le loisir d'attendre que ce mouvement se produise avec une entière spontanéité. Il faut que la première émigration soit nettement et fortement encouragée ; nous verrons plus loin [1] quels moyens pourraient être employés à cette fin. — Ce sont des courants nouveaux à déterminer ; les Français ont été trop déshabitués d'agir par eux-mêmes pour que l'Etat ne les aide pas dans ce début. — Des milliers de nos nationaux sont allés, tous les ans, vers l'Argentine ou le Chili, sur la foi d'agences libres, trop libres même, peut-être. Cette émigration était provoquée pour le compte des gouvernements de ces républiques ; les colons pouvaient s'y rendre gratuitement et, pendant longtemps du moins, ils étaient assurés de trouver terre ou travail en arrivant. L'Etat français ne doit-il pas en faire autant au nom de ses propres colonies ? Serait-ce là de l'argent mal employé ? Ne serait-ce pas, au contraire, la plus intelligente et la plus productive des avances ? — Combien de malheureux (on en trouverait des milliers tous les ans) qui, prêts à travailler, et ne sachant où faire emploi de leurs bras, alimenteraient cette émigration si féconde ! Allons les prendre où ils se trouvent et pourvu qu'il soient sains et valides, conduisons-les, non pas dans une colonie quelconque, mais dans celles où leurs facultés de travail pourront le mieux être utilisées et où ils pourront, le plus vite arriver à cette situation indépendante qui doit être le juste prix de leur « expatriation ».

Que chacun s'y prête qui peut le servir, et, gagnant de proche en proche, alimenté par son succès même, ce mouvement deviendra général. Ce n'est plus dix, quinze ou vingt mille Français [2] qui partiront ainsi tous les ans, mais bientôt cent mille, davantage même, plus tard. Et loin, alors, que le pays se voie dépeuplé d'autant, la natalité trouvera son compte à cet essor, l'horizon où chacun se meut sera élargi. Au-delà du village, de la ville prochaine, où il devient si difficile de vivre, par dessus le maigre patrimoine que chacun tremble de diviser, le jeune Français apercevra, lui aussi, ce « vaste monde » que l'Anglo-Saxon et le Germain ont appris à affronter avec audace.

---

(1) 2e Partie, ch. VI.

(2) Il n'y a pas de statistique donnant à cet égard de renseignements précis : les estimations flottent, pour les mêmes années, entre douze, quinze mille et le double de ces chiffres. — Quand on veut être renseigné sur ce qui se passe en France ou dans nos colonies, c'est aux statistiques étrangères, semble-t-il, qu'il est encore le plus expéditif de s'adresser.

On ne dira plus : « des enfants ? mais que leur laisserais-je et que me resterait-il ? » Redevenu vraiment père de famille, le Français ne se bornera pas à faire des projets, l'œil sur le cadastre de sa commune, sur son livre de comptes, ou sur la cote de la Bourse, il en fera sur les cartes du globe, tout comme ses aïeux, qui étaient loin d'en avoir d'aussi bonnes. Les *terra incognita* ne les effrayaient pas, ni les Océans mystérieux encore. Où qu'ils se portent, leurs trop timides descendants seront certains d'y retrouver leurs traces.

Des Français, dès qu'ils auront repris le goût du dehors et qu'ils connaîtront où aller, il en viendra autant qu'il faudra, il en viendra autant qu'ailleurs de Prussiens, d'Anglais, d'Italiens ou de Russes, car la race n'est pas usée (1). L'état de marasme actuel peut être expliqué : les causes en sont bien diverses ; il ne saurait durer : cela ne se justifierait plus.

C'est dans la colonisation que se refera l'énergie de notre peuple. Il est dans la mission du Pouvoir et de toutes les institutions qui, à des degrés divers, en sont des délibations partielles, de provoquer, par tous les moyens, sans délai, à n'importe quel prix, ce mouvement qui, une fois créé et étant donné la fonction vitale à laquelle il répondra, saura bien se suffire et durer de lui-même, revêtant bientôt toute l'ampleur que l'immensité de notre domaine colonial nous autorise à concevoir.

Dût l'action du Pouvoir s'appliquer pour l'instant avec moins d'ardeur à d'autres tâches qu'il a cru devoir assumer, il faut qu'il intervienne ici avec décision. Trop de charges pèsent sur les forces individuelles pour que cette intervention ne soit pas fondée. — Avec l'obligation générale du service militaire, avec toutes les études et les stages qu'exigent les services publics ou les professions libérales, on ne voit plus, pour ainsi dire, de jeunes citoyens pourvus d'une situation indépendante, tout comme on n'en voit pas assumer les charges du mariage. — Il faut prendre la force où elle est, quitte à la remettre où elle aurait dû rester. L'Etat ayant par-

(1) On voit diminuer la population dans certaines régions, telles que la Normandie, où il semblerait que la race dût être la plus forte. N'est-ce pas alors que cela vient plutôt d'une erreur des esprits et d'une défaillance du caractère que de l'affaiblissement du sang ? car ce qui en subsiste ne donne pas du tout une impression d'usure ou de dégénérescence.

tout sa main, alors que tout dans le pays en est, pour ainsi dire, *à un point mort*, il ne saurait refuser son concours dans ce qui pourrait être appelé *la mise en train* de la colonisation. A défaut de tempérament, il y faut le gouvernement. — L'essentiel, pour que cela puisse continuer, c'est de faire d'abord quelque chose. Des encouragements immédiats, voilà pour le présent; les réformes, ce sera l'œuvre de l'avenir.

CHAPITRE IV

La population dans ses rapports avec la production et la répartition de la richesse.

Population et colonisation sont deux termes qu'il faut unir, c'est le double aspect d'un même problème ; tout ce qui contribue au progrès de l'une de ces forces sert au développement de l'autre. — Ce qu'est la population comme facteur économique, chacun, aujourd'hui, peut s'en rendre compte. Ce n'est pas seulement la cause, c'est aussi la finalité même de tous biens. — Deux modes étant donnés de les produire avec avantage, celui-là doit être choisi qui peut aboutir à une meilleure répartition, et la meilleure distribution de la richesse sera celle dont le plus grand nombre d'êtres humains tirera avantage pour sa subsistance.

Quelque chose, en un mot, prime la question de la richesse, celle de l'humanité — ou, encore, richesse et puissance étant synonymes *(reich, rico)*, le bienfait doit en être répandu dans la plus large mesure possible, suivant le vœu de la société moderne.

Bien des choses peuvent influer sur la marche de la population : les unes se rattachent à la législation ou aux mœurs (1), les autres ont un caractère plus spécialement économique. Ces dernières peuvent toutes se résumer dans les grands faits de la production et de la répartition des richesses, lesquels impliquent toute l'organisation même du travail et sa rémunération. — A la production,

---

(1) Les idées religieuses sont un élément essentiel des mœurs, (a) et il n'y a pas de bonne sociologie sans bonnes mœurs. Mérite le nom de religion, tout acquiescement de l'esprit à un ordre de choses supérieur à l'ordre actuel et fournissant une noble explication de la destinée humaine. Toute croyance capable de nous faire accepter notre condition présente, en nous montrant le lien qui la rattache à quelque harmonie supérieure, nous mène à faire acte de religion. Une religion résulte d'un ensemble de croyances, presque toujours héréditaires, communes à une grande collectivité. — Tout pays où les idées religieuses sont la vérité de l'esprit et obtiennent l'adhésion des cœurs, possède une unité morale plus forte que celle de tout autre, où cette unité prend sa source dans des sentiments d'un ordre différent. — Là où les hommes ne doutent

(a) Seule, la religion peut, à la fois, régler la pensée et l'action. (Ed. Rod. *Les idées morales du temps présent*, p. 304).

chacun doit être tenu de collaborer ; dans la répartition, nul ne doit être ni oublié, ni sacrifié.

Ce sujet est des plus vastes ; nous n'en dirons que ce qui est nécessaire pour éclairer notre étude. Tout dogmatisme nous est, d'ailleurs, interdit ; nous sommes ici sur un terrain fort bouleversé, mouvant encore, et où chacun marche comme il peut ; il serait prématuré et présomptueux d'entendre y tracer des routes fermes et définitives.

Parmi tous les biens qu'une civilisation, aussi avancée qu'elle soit, puisse nous procurer, on n'en concevrait pas où la nature n'ait sa part ; mais il n'en reste pas non plus qu'elle puisse librement et gratuitement nous offrir. — Il existe trois biens de nécessité primordiale, permanente et universelle : *optima lux, ariston men udor, panchrestonte aer*, disaient latins ou grecs, entendant signifier que les dieux « amis des mortels » avaient voulu soustraire ces biens si précieux à leurs égoïstes atteintes, en répandant partout, avec une profusion inépuisable, ce qui était le plus nécessaire à l'existence de tous.

De quelle lumière jouissent les mineurs et les professionnels si nombreux de la nuit que réclame la vie moderne, et les habitants des rues populeuses des grandes villes ? Quel est l'air que respirent aujourd'hui des multitudes de malheureux ? Et l'eau nécessaire à leur propreté, l'eau pure dont ils pourraient aussi étancher leur soif, leur est-elle fournie gratuitement ? Non, puisqu'on a été obligé d'aller la chercher très loin et à frais très grands et qu'elle leur sera souvent parcimonieusement mesurée. — De la belle eau, si saine qu'elle serait curative, de l'eau, indispensable *diluvium* de l'économie domestique et interne, du clair soleil et de l'air pur, à la vérité, on en trouve encore et beaucoup, en tout pays. Mais les côtes d'azur ensoleillées, les plages aux brises vivifiantes, les montagnes et la mer, tout le libre domaine de l'humanité primitive, il faut, pour en jouir aujourd'hui, compter parmi les heureux de ce monde. La simple et modeste campagne elle-même, et la

---

pas de leur destinée, le pays ne doute pas de sa mission, et c'est avec une indéfectible énergie qu'il se voue à l'accomplir. — Tous les peuples de l'Europe traversent, plus ou moins, une crise morale ; c'est chez nous qu'elle semble, quant à présent, le plus gravement sévir. — Ainsi, nous n'agissons pas assez : scepticisme et abdication, c'est tout un ; car c'est pour tout et au fond de tout, un décourageant « à quoi bon ! »

première venue, est moins à la portée du travailleur que le bon pain, le bon vin et la bonne viande qu'il est cependant loin d'avoir en suffisance.

L'accès de tout ce dont l'homme d'autres âges jouissait librement et sans limite, s'est successivement réduit et rétréci jusqu'à ne plus être. — On ne pourrait pas répéter que la « propriété c'est le vol » ; non, on ne le pourrait pas ; c'est trop court pour être vrai et c'est une violence bien inutile de langage. — Définissons la propriété par son principal et caractéristique effet : nous dirons qu'elle est « une expropriation réciproque, pour cause d'utilité mutuelle. » L'utilité sociale, c'est qu'il en soit ainsi (1) et que toute personnalité soit revêtue de propriété. Comme le seigneur sans terre, *l'homme sans propriété est un non-sens.* — Or, à partir d'une somme restreinte de biens, l'homme obéit moins au besoin qu'à l'égoïste et perverse satisfaction de jeter les mains sur tout ce qui vient à sa portée, pour diminuer la part d'autres hommes. — C'est alors au besoin de domination qu'il obéit.

Que cette expropriation mutuelle fût chose nécessaire (2), les

---

(1) Pour Mercier Larivière, le droit de propriété est, dans l'ordre social, un « arbre dont toutes les autres institutions sont les branches ». *(Ordre naturel et essentiel des Sociétés politiques.)* On pourrait dire encore plus brièvement : *le mien* c'est la conséquence du *moi*. Il faut à celui-ci, en effet, un revêtement matériel et un minimum de prolongement extérieur.

(2) Ainsi que le faisait remarquer M. Rose, à la tribune de la Chambre (13 novembre 1894), la propriété collective et le lotissement agrairien socialiste, avec obligation d'exploitation personnelle, sous peine de déchéance, ferait véritablement revivre la servitude de la glèbe. Or, comme il faut que la propriété soit collective ou individuelle, on ne saurait hésiter.

Faudrait-il décider qu'il doit y avoir un maximum de propriété *foncière* individuelle ? Après y avoir réfléchi, nous répondrons que ce serait légitime, car la terre n'est pas un bien comme les autres, *c'est un bien nécessaire à tous.* L'argument qu'on ôterait tout stimulant à l'initiative productrice, lorsque ce chiffre maximum serait sur le point d'être atteint, n'est nullement péremptoire : il reste l'industrie et le commerce... Nous considérons le foyer, le jardin et le champ, suivant qu'il s'agit de la ville ou de la campagne, comme l'indispensable prolongement, le nécessaire *théâtre* de la personnalité humaine. De plus, le *homestead* urbain et rural sera éminemment favorable à la natalité et à la moralité. — La vigueur de la race ne peut s'accommoder de l'entassement antihygiénique et même immoral dont les grandes villes nous offrent le spectacle. L'agglomération est nécessaire, mais elle peut et doit être sainement pratiquée. La question des logements ouvriers est, d'ailleurs, à l'ordre du jour, en Angleterre surtout et en France (V. Loi 30 nov. 1894 sur les habit. à bon marché, art. 8, 9, 10, 11 et 13). Mais ce n'est pas encore là *l'insaisissabilité du foyer* qu'il faudrait édicter, comme par la Loi du 12 janvier 1895 on l'a fait des *salaires et petits traitements.*

besoins que faisait naître le progrès de la population ne permettent pas d'en douter. « Nul n'est tenu de rester dans l'indivis ». Cette maxime de notre Code résume un besoin profond et prévient ou fait cesser une situation nettement antiéconomique.

Nous dirons seulement : *est modus in rebus*. Le droit de vendre et celui de léguer, comme celui de posséder, qu'ils ont fortifié si énergiquement, sont autant *d'investitures du Pouvoir social*. — Ne nous imaginons pas avoir à jamais ruiné la fiction féodale et assis la propriété sur une base toute neuve. *Avoir, c'est pouvoir*, et toute puissance individuelle ne peut, en société, s'exercer que par mutuel consentement. Le fondement du droit féodal était, quelle que fût d'ailleurs l'origine de celle-ci, l'autorité. L'autorité est vieille comme le monde, sinon davantage. — C'est de l'autorité, du Pouvoir, que venait l'investiture : « Jeo deveigne vostre homme de cest your en avant, de vie et de membres, et foy à vous porterai des tenements que jeo claime tenir de vous » (1). — « Par le passage de l'état de nature à l'état civil... la possession, qui n'est que l'effet de la force ou le droit du premier occupant, devient la propriété fondée sur un titre positif ». Cette déclaration du *Contrat Social* est irréfutable, c'est une simple constatation.

---

(1) On sait avec quel enchaînement rigoureux tout se tenait dans la théorie féodale. Du plus modeste fieffeux au chef du plus grand royaume, il y avait devoir de fiance auquel c'était forfaiture de manquer. — Le couronnement grandiose de ce système, qui fut ruiné avant d'avoir atteint sa perfection, par la tare initiale du servage, comme la société antique l'avait été par celle de l'esclavage, eût été la subordination des rois à l'Empereur, celui-ci tenant tout de Dieu, représenté par son Vicaire (c'est là la vraie théorie du droit divin). La forfaiture s'appelait ici : blasphème, sacrilège, simonie. — Rêve monstrueux, chimérique, dira-t-on, ne tenant que par l'abus de la force ! — Eh bien ! ce rêve, rêve d'unité politique et morale, a avorté. L'ère des violences s'est-elle trouvée close ? — Le droit le plus paisible, le mieux assis, suivons-le dans sa genèse, c'est à un acte de la force que nous aboutirons. — Tout vient de la conquête et il n'y a qu'un seul droit, celui de la prescription.

La théorie féodale, en se rattachant au Roi du ciel, Maître du monde, au « Seigneur Dieu », visait au maximum de moralité que puisse revêtir un établissement humain. — Legs de la civilisation antique et correctif de son plus triste abus, le servage, qui devait ruiner ce système, n'en était pas le fruit naturel. La clientèle féodale, c'était le vasselage, « gesell », compagnon. — Quoi d'étonnant que certains esprits se demandent si le triomphe d'un système si logique en son ensemble, n'eût pas prévenu la formation de ce servage bien moderne qu'est le prolétariat ? La féodalité sombra dans l'absolutisme monarchique qui fraya la voie à la Révolution, comme la liberté individuelle disparaît, semble-t-il, dans l'absolutisme de l'oligarchie industrielle, commerciale et financière, laquelle travaille à faire « un pont d'or » à la Révolution sociale.

Que dit notre droit civil? On connaît le vieil adage juridique emprunté précisément à la fiction féodale pour prévenir la déshérence : « Le mort saisit le vif, son hoir le plus proche et habile à lui succéder ». Les rédacteurs du Code l'ont adopté et ainsi traduit : « Les héritiers légitimes et les héritiers naturels sont saisis, *de plein droit*, des biens, droits et actions du défunt. » (Art. 724, C. C.). La saisine directe, sans tradition, ils l'ont fait passer, de plus, dans la législation contractuelle. Sur l'effet des obligations, ils disent : « Les conventions légalement formées tiennent lieu de loi à ceux qui les ont faites (1134) et sur ceux de la vente : « Elle est parfaite entre les parties et la propriété est acquise de droit à l'acheteur, à l'égard du vendeur, dès qu'on est convenu de la chose et du prix, quoique la chose n'ait pas encore été livrée, ni le prix payé (1583). Et encore : « L'obligation de livrer la chose est parfaite par le seul consentement des parties contractantes (1138). » — Que dit le législateur sur le droit de propriété? « Les particuliers ont la libre disposition des biens qui leur appartiennent *sous les modifications établies par la Loi* (537). » La propriété est le droit de jouir et de disposer des choses de la manière la plus absolue, *pourvu qu'on n'en fasse pas un usage prohibé par la Loi ou par les règlements* (544). Tout cela n'est pas simplement déclaratif et dit à titre de sanction d'un droit préexistant, c'est d'ordre institutionnel. Le droit d'exclusion que peut exercer le propriétaire, celui-ci le tient de la Loi qui l'habilite *quàtenus juris ratio patitur*.

Dans les articles qui précèdent, le suzerain et le vassal du moyen-âge, le fieffeux et l'inféodé, ne les apercevons-nous pas clairement, à travers une terminologie nouvelle? Ne voyons-nous pas les droits les plus essentiels constamment *soutenus et « renouvelés »* par le Code? Le Pouvoir social s'est substitué au seigneur et au roi; la Loi agit seule et sans aucun cérémonial, sinon sans frais. — Le fieffeux, en droit du moins, n'inféodait que dans la mesure où il jugeait bon de le faire; à l'origine, il gardait son droit de révocation, il devait autoriser toute modification du fief, lequel n'était transmissible que moyennant une nouvelle investiture. Quand nous parlons de l'Etat souverain, nous entendons, d'ailleurs, comme Rousseau, le peuple, la Société, dont le pouvoir gouvernemental n'est que le ministre.

Les mêmes principes de suzeraineté inamissible gouvernaient le *jus gentium* des Romains, et ils avaient même présidé à la formation de la propriété quiritaire [1]. Tous les codes de la propriété reposent, en somme, sur ces postulats.

Certaines législations modernes (Serbie, Australie, Nouvelle-Zélande...) les ont manifestement exprimés. Ils sont plus ou moins marqués dans toutes les religions, surtout à leur origine [2]. S'il était définitif, l'oubli où l'on parait être aujourd'hui de cette précarité naturelle, de cette infirmité irrémédiable de la propriété personnelle, ne constituerait certainement pas un progrès. — Remarquons, dès à présent, que la théorie que nous venons de rappeler est redevenue d'entière application par l'acquisition des pays neufs, par la constitution de ce que nous pouvons, par suite, appeler « les grands domaines coloniaux » de l'Etat.

Tout ne tient que par la Loi, dont la force réside en chacun de nous ; tout doit être, comme la Loi elle-même, conforme au bien général, et la société peut et doit intervenir pour redresser les abus auxquels ne manquent pas de mener un jour toutes les règles, même les meilleures; car il est de leur essence de se corrompre dans toutes celles de leurs parties qui sont autre chose que l'exacte reproduction des plus simples formules de la loi morale.

Ce qui domine particulièrement la loi civile, c'est le principe de la *réciprocité en actions : « do ut des ; facio ut facias »*. Donnant, donnant, sinon dupe ou victime. Dès que cette réciprocité se trouve méconnue ou compromise, la loi devient mauvaise et doit être amendée [3].

---

(1) Seul, l'Etat pouvait avoir le fonds *maximus optimusque*.

A Rome, comme partout ailleurs, car il n'existe plus de sol qui n'ait été l'objet de quelque dépossession violente, l'*occupatio bellica* avait fait d'abord passer toutes les terres dans les mains de l'Etat. Celui-ci les avait réparties entre les centuries, puis entre les tribus. Une sous-répartition ne tarda pas à être faite entre les *chefs de famille*, mais ce ne fut pas encore là une propriété *individuelle* comme nous la comprenons aujourd'hui. — Mêmes principes, expressions analogues, même chez les Gaulois et les Germains. — En outre, les *pérégrins* ne pouvaient acquérir le sol. Peut-on dire que c'est à tort qu'on a vu ainsi partout, dans le droit de propriété, l'attribution d'une part de la puissance nationale ?

(2) La distinction que fait le Coran entre les « *terres mortes* » et les « *terres vivantes* » est inspirée par les mêmes idées... La terre morte, c'est-à-dire vierge ou redevenue brute, est à tous ; le travail seul fait la terre vivante. La loi en investit le travailleur : elle l'en dépouille, si celui-ci manque à la cultiver ; il y a, contre lui, présomption légale d'abandon.

(3) On sait à quelles attaques est en butte notre législation sur la propriété et sur les héritages. Ne semble-t-il pas qu'on en soit encore, dans les deux camps opposés, à de

De l'homme à la nature, cette *alma parens* de tous les biens, un seul moyen de contact et d'action existe pour prélever et accommoder à nos besoins les éléments et la matière de toutes les utilités, car il n'en est pas dont on puisse jouir sans effort et sans propos. C'est le travail qui crée le droit. — Nos besoins sont successifs, le travail d'un instant ne peut pas fournir à la satisfaction des besoins de l'existence entière ; encore moins, quelqu'un peut-il disposer gratuitement et sans effort du travail d'un autre, ou d'un travail mort (1).

Il n'y a plus, dans nos pays du moins, de bien sans maître (2). Tout propriétaire y tient en dépôt une parcelle du fonds social. En outre, à tout produit, la force sociale a collaboré, la part de cette collaboration est même aujourd'hui prédominante. — *Qui non laborat, nec manducet !* Tout oisif est un parasite, et, bien renté ou vagabond, son existence même est un délit (3).

---

fausses idées sur la moralité et l'efficacité du partage égal de la fortune publique entre tous les citoyens : « Une fraise dans la gueule d'un loup », disait Proud'hon. — Il est absurde de voir là une panacée et une formule de justice sociale ; il est absurde aussi de penser que le résultat en serait, de tous points, ridicule. — On se plait à citer la réponse... spirituelle qu'un Rothschild (décidément, on ne prête qu'aux riches), aurait faite à une délégation d'émeutiers, lors des troubles de 1848. « Asseyez-vous, mes amis, aurait-il dit en substance à ces faméliques partageux, je vais vous faire votre compte ». Et s'armant d'une feuille de papier blanc et d'un crayon, la chose fut prête en un tour de main : « Tenez, mes braves, conclut-il, après avoir fait tout haut les calculs, voici ce qui vous revient à chacun... en forçant un peu pour arrondir la somme. » Et il leur mit dans la main un bel écu de 5 francs tout neuf. — Un banquier sait faire la... banque. Il ne s'agissait pas, il est vrai, d'une question à résoudre en cinq minutes.

La fortune publique nette de la France ne peut être évaluée, déduction faite des créances intranationales et de celle des étrangers, à moins de 200 milliards (terres, 90 ; maisons, 50 ; titres mobiliers, 80 ; meubles, etc., 12 ; espèces monnayées, 9). En divisant par 38 millions d'habitants, on a 5.260 par tête, ce qui donnerait bien 22.000 fr. par chef de famille. *Nec adeo est informe !* Avec de l'argent à 3, c'est si peu que rien, mais avec une bonne paire de bras, un bon métier ou une utile fonction, voilà un *home stead* nullement méprisable. — Au point de vue économique, l'opération n'en serait pas moins détestable. Ce serait dessécher le lit du fleuve en multipliant les prises d'eau. La concentration des capitaux conserve, pour le moment, toute son utilité sociale de production. La pratique universelle de la coopération pourrait seule la remplacer.

(1) Je ne puis comprendre un effort défini produisant un effet indéfini, a dit, à ce sujet, le mathématicien Lhermitte.

(2) V. p. le sol colonial : 2e partie, chap. 6.

(3) Le mécénisme n'est pas l'oisiveté, ni le trappisme et le cénobitisme, ni, moins encore, la retraite des fonctions ou des affaires. Mais il y a des gens dont la façon de « faire aller le commerce, » et surtout certains commerces, prête à de fort sévères jugements. Le moins qu'on puisse dire de ces personnages, c'est qu'autant vaudrait qu'ils n'eussent pas été.

La prodigalité de l'oisif, dont on dit qu' « elle fait marcher le commerce », ou encore qu'elle « encourage les arts du luxe », est antiéconomique au premier chef. Celui qui a 100.000 francs de revenus possède, par le fait, le commandement de 100 hommes. — En d'autres temps dont nous avons... détruit la barbarie, le roi aurait dit à ce « rich' homme », son vassal : « Levez une compagnie et ralliez mon quartier général sur le Rhin ou dans les Flandres ». Aujourd'hui tel de ces bien rentés entretiendra, tout de même, son petit bataillon, son petit peloton, tout au moins dans l'armée... du vice. Plus sérieux, plus soucieux de dignité, il aura une belle (et stérile) domesticité, sa table sera somptueuse, les ajustements de sa femme fort coûteux. — Tels économistes absoudront, mieux encore, béniront son rôle social. Il aura bien « *consommé* » ses cent hommes. Il est vrai que les mêmes diront, dans un autre moment, que la somme des subsistances produites par le travail est trop faible encore, et que c'est pour cela qu'on ne peut pas, non plus, donner du pain à tout le monde. — « *Qui non laborat, nec manducet !* » répéterons-nous, « *quâtenus laboris, hâctenus et jus.* » Sinon *travail et valeur, travail et mérite* sont termes identiques.

L'homme doit vivre par le travail, mais non se consumer dans le travail, dans celui-là, du moins, qui est destiné à faire subsister son animalité. — Si l'on ne devait faire la part de tous les sacrifices qu'exige le progrès, il faudrait dire que c'est un crime de lèse-Humanité, de lèse-Divinité même, de cette Divinité dont l'intelligence se reflète en nous, que la permanence de ces multitudes à qui l'instruction et l'éducation font défaut, ou qui ne connaîtront jamais ni repos ni loisir et dont, victimes des plus grossiers instincts des dominations d'en bas, l'esprit, l'âme et le cœur resteront « voués aux bêtes. » — Tout homme venant au monde doit-être, dans le haut sens du mot, *illuminé*, et la société qui s'empare de lui, qu'il le veuille ou non, ne doit pas l'asservir, mais l'affranchir.

Sous l'empire du fait social, la charité n'est plus que de la probité. Il y a un minimum de biens qui doivent être assurés à tout citoyen, à tout homme. Ce minimum est loin d'être encore garanti à tous, le plus grand nombre même en demeure frustré.

Des efforts sérieux ont été faits, néanmoins, dans ce but, et de louables tentatives se manifestent, aujourd'hui, chez tous les peuples pour amener un meilleur règne de justice. — Ils consistent, ces efforts, ou doivent essentiellement consister : 1° à garantir au travail, suivant sa valeur de coopération proportionnelle, la part qui lui revient sur le produit par lui créé ; 2° à étendre le principe de la solidarité (¹) dans l'assistance, en commençant par les vieillards et les malades. — Ceci est absolument primordial, mais il sera tout aussi essentiel de définir les droits de la femme et de l'enfant (²) ; c'est par eux et en eux seuls que nous pouvons acquitter la dette de civilisation et de vie que nous tenons de nos pères. — 3° Il faudra enfin aussi reconnaître le droit au loisir, cette forme supérieure du repos, et en faire un bien accessible à tous. Le prix en est d'autant plus grand que, grâce à lui seulement, l'homme pourra cultiver son esprit et s'élever à toute la dignité qui doit former son achève-

---

(1) « Il faut ouvrir aux travailleurs, et d'abord à ceux qui n'ont que leurs bras pour vivre, l'accès de la propriété et du capital... apprendre aux travailleurs de l'usine comme à ceux de la terre le maniement méthodique du principe d'association. L'association professionnelle doit être, non une arme de guerre au profit d'ambitieux souvent étrangers au monde du travail, mais un instrument d'émancipation et de paix sociale auquel on devra, sous des formes toujours meilleures, le crédit, la prévoyance, les assurances, les retraites, la conciliation et l'arbitrage, tout cet ordre nouveau, ce droit nouveau, cette organisation nouvelle du travail dont je salue l'avènement avec confiance et avec espoir, parce qu'elle nous rapproche de la justice par la solidarité. Le vingtième siècle sera le siècle de l'association. » (P. Deschanel. Discours de Nogent-le-Rotrou, 14 mars 1898).

Voir la Loi sur les Sociétés de secours mutuels, du 1ᵉʳ avril 1898. (a)

(2) Dans sa séance du 10 mars 1898, le Sénat a voté un projet de loi qu'il est bien fâcheux que la Chambre n'ait pu, à son tour, adopter. Ce projet investit les Sociétés protectrices de l'enfance dûment reconnues, du droit de poursuivre directement et comme parties plaignantes, les parents ou autres personnes auteurs de sévices graves envers les enfants. C'est là ce qui a lieu aux Etats-Unis et en Angleterre, où, par leur action préventive surtout, ces sociétés ont rendu d'immenses services. Nous avions, il est vrai, quelque chose d'assez analogue en France, depuis quelque temps déjà. Ce droit de poursuite directe est reconnu, en effet, à la Société protectrice... des animaux domestiques, c'est la loi Grammont. Et c'est même une bonne loi, si ce n'est que les villes du Midi trouvent qu'on en fait une application intempestive à la porte des arènes. Les *toros*, disent leurs protestations, sont des animaux très méchants et fort sauvages. Et les toreros ? Et les chevaux ?

— Une autre bonne mesure serait, dans un autre sens, le rétablissement des tours et des bureaux d'abandon en communication directe de jour et de nuit avec la voie publique (Voir projet de loi dans ce sens. Annexe 2.350. Chambre doc. parl., 18 mars 1897).

(a) En décidant que le patron devrait indemnité ou pension à la veuve ou aux orphelins, en cas d'accident suivi de mort, ou que l'indemnité serait plus forte, lors de blessures, pour un père de famille, une grave maladresse a été commise. On oblige les patrons à préférer les célibataires. Il fallait se borner à faire verser une somme déterminée et fixe, *au fonds de garantie de l'Etat*, lequel aurait fait ensuite le nécessaire.

ment moral. Tel est assurément le but, telle est la finalité même de sa présence sur la terre.

Ce progrès moral est aussi ce qui peut justifier le mieux l'empire que nous revendiquons à l'égard de races moins avancées. Lui seul pourra faire que notre domination s'exerce avec humanité et tienne compte des devoirs que doit nous imposer la faiblesse même des peuples ou des peuplades sur le territoire desquels nous venons à nous établir. — Assez d'abus, assez de violences et de crimes sont venus déshonorer la marche de certaines colonisations. Le progrès ne peut consister en de telles destructions.

Chez les peuples, avons-nous dit, où le bien être s'est généralisé, mais où la production reste à peu près stationnaire, ce qui n'est guère le cas actuellement que pour notre pays, une émigration bien comprise est ce qui peut le mieux faire sortir la race de sa funeste torpeur. — Concourant au même but, de précieux résultats seront aussi obtenus par une meilleure répartition de la richesse entre ses divers facteurs : non que l'on doive attendre cet effet d'une jouissance plus uniforme et d'un niveau supérieur de bien-être moyen, d'une élévation de ce que les Anglais appellent le « Standard of life ». Non, assurément, bien que cette élévation, l'exemple d'autres peuples (Angleterre, Etats-Unis, Allemagne même) est là pour le prouver, se concilie parfaitement avec le maintien d'une forte natalité.

Mais, c'est de l'obligation effective du travail, de la considération qu'il devrait acquérir, qu'il serait permis d'attendre les plus heureuses conséquences. — Bacon a écrit : « *de Dignitate et Augmento Scientiarum* [1]. » Il y aurait tout autant de convenance à écrire aujourd'hui « sur la dignité et l'importance du Travail », du Travail sans épithète. — Nous n'aurions pas à être en peine de la force ni de l'avenir de notre pays, s'il y avait beaucoup de gradués et de diplômés de moins, en même temps que beaucoup plus d'ouvriers de toute sorte et d'agriculteurs. — Il est juste de convenir toutefois que les arts mécaniques sont à présent plus recherchés.

C'est la réhabilitation du travail manuel sous toutes ses formes

(1) On sait, par contre, avec quel large esprit Diderot appréciait (Prospectus de l'Encyclopédie) la haute moralité du travail manuel, voulant élever un monument aux classes ouvrières « par l'exposé de la *science des métiers*, legs admirable des génies anonymes de ces classes humiliées ».

qu'on devrait donc s'efforcer d'opérer dans nos mœurs. Le jour où il sera bien admis qu'il n'y a pas de sotte, ni vile manière [1] de gagner honnêtement sa vie, les campagnes saines et fécondes pourront se repeupler. Dans la grosse masse des petits rentés de toutes les provenances on hésitera moins à avoir des enfants, lorsqu'on y aura moins l'absurde préjugé du métier qui fait déchoir. — Cette opinion ne contribuera pas peu, non plus, à faire prévaloir de meilleures idées sur la répartition des produits du travail.

« Quelle influence, dirait-on, ce progrès moral pourra-t-il exercer sur la natalité. En laissant de côté les temps anciens et du moyen-âge qui ne peuvent nous offrir que des termes contestables de comparaison, regardons simplement par dessus nos frontières. N'existe-t-il pas en Italie, en Allemagne, en Belgique, en Angleterre, tous pays à forts excédents de naissances, un prolétariat aussi nombreux et souvent plus malheureux qu'en France ? — Quel est le sort de l'ouvrier et du paysan italien ? ils souffrent littéralement de la faim ; de l'ouvrier et du paysan allemand ? en certaines provinces c'est pire que ce que l'on peut imaginer. Une foule d'entre eux ne sont guère habillés et nourris convenablement que lorsqu'ils sont sous les drapeaux. — Si l'ouvrier belge vient, à vil prix, faire concurrence à nos ouvriers, c'est évidemment dans l'espoir d'un traitement meilleur que celui qui lui échoit dans son propre pays. — Quant aux ouvriers anglais, si la moyenne de leurs salaires est plus élevée que chez nous, ils ont à dépenser davantage aussi pour leur entretien et la plaie de ce paupérisme que leur pays ne parvient pas extirper, nous montre assez que le prolétariat y touche souvent à des excès auquel le nôtre n'a pas encore été réduit. — Une meilleure répartition des fruits du travail aurait-elle pour effet de généraliser davantage le bien-être moyen par lequel, cependant, notre pays semble se faire remarquer ? Soit, mais l'exemple de ce qui se passe sous nos yeux, ne doit-il pas nous faire craindre que ce résultat ne soit obtenu qu'au détriment des qualités prolifiques qu'il s'agit, au contraire, de fortifier ? N'est-ce pas dans les milieux ouvriers et parmi les plus misérables peut-être que les naissances sont les plus nombreuses ? Il y règne, il est vrai, une promiscuité

(1) *Nec quidquam ingenuum habere potest officina.... opifices.... in sordida arte versantur*, dit Cicéron.

attristante pour la morale, mais ce n'est pas de morale qu'il s'agit en ce moment. »

Nous répondrons : les maladies et la misère déciment ces générations et y pratiquent des coupes sombres. Une part notable de ce qui survit s'en va grossir les rangs de l'armée du vice ; une autre, rongée de tristes maux, ne nous offre plus que des loques d'humanité. Rendue à ce degré ultime de l'abjection morale qui est la prostitution, le proxénétisme ou le crime, la scorie sociale se détruit et s'élimine d'elle-même, ou par l'effet des lois. — Il n'est pas exact non plus, il est même contraire à la vérité d'assurer que morale et population sont termes indépendants l'un de l'autre. — Nous sommes persuadés qu'il est loin d'en être ainsi, que la classe des malheureux, des réprouvés de l'ordre social, sur laquelle nous venons de jeter les yeux, ne s'entretient point par son propre croît, qu'un *lasciate ogni speranza* nouveau pourrait être écrit à l'entrée, du dernier cercle de la misère et que peu de chose remonte de ce gouffre où, dans les flambées du vice et de l'alcool, les dernières énergies vitales achèvent de se consumer. Ce qui s'en échappe, ce qui, malgré tout, vient à survivre, ne peut agir sur les autres éléments de la société que comme ferment de dissolution : châtiment mérité d'ailleurs d'un excès qui est le crime de tous (1).

S'il n'est donc pas nécessaire, pour que le mouvement de la population se maintienne dans une allure satisfaisante, que « les couples de reproduction », qu'on nous pardonne cette terminologie, vivent dans une parfaite abondance, du moins les matérialités essentielles de ce que les Italiens appelleraient « l'homme-plante »,

(1) Protestera-t-on contre cette assertion ? Et comment le pourrait-on ? La Société ce n'est pas seulement ici le Pouvoir à tous ses degrés, c'est toute la collectivité elle-même. Les criminalistes modernes dénoncent son action, sa complicité dans la plupart des méfaits. Presque tous les attentats sont, d'ailleurs, d'ordre anti-social, aussi bien qu'anti-moral. — Tels instincts naturels plus marqués chez certains, portent à des excès d'action qui, socialement, ne seront pas tolérables et deviendront faute ou crime — Comment y obvier ? C'est l'affaire de cette orthopédie mentale qui s'appelle l'éducation. Or, que ce soit l'Etat ou d'autres qui la donnent, l'éducation est, à défaut de la famille, un devoir de la Société ? Et où chercher la famille dans un milieu où les mots de père et de mère ne peuvent plus être qu'une dérison ? D'ailleurs et dans tous les cas, la société qui seule peut agir au nom de l'avenir de la race a une mission de surveillance à exercer, qui ne comporte aucune exception. (V. Loi 24 juillet 1889 sur la protection des enfants moralement abandonnés et projet de loi. Sénat, 10 mars 1898, note ci-dessus p. 71.

devront-elles pouvoir être sainement satisfaites. Il sera tout autant nécessaire aussi que la santé morale soit, à l'égal de la santé physique, le résultat du milieu qu'il appartient à la Société de créer et d'entretenir : *mens sana in corpore sano*, c'est ce qu'il s'agit d'assurer à tout être destiné à devenir homme et citoyen. S'il est d'ailleurs, un minimum de sécurité et de liberté matérielles que la Société doive garantir et dont nul ne puisse être privé que par sa faute, il serait superflu, il serait même périlleux que le Pouvoir entreprenne davantage en vue d'une égalisation qui serait souvent le contraire de la véritable égalité, celle-ci devant s'appeler simplement équité. L'équité se confond avec la justice et tient en deux mots : *suum cuique*, à chacun le sien.

L'homme naît créancier et il devient débiteur. Le nouveau-né, c'est le colon, l'immigré de la planète. Sa créance c'est le droit à l'avance de l'éducation. Le dernier acte de la Société sera de lui faciliter, soit sur le sol d'origine, soit sur celui des colonies, son premier *homestead* dont, tels sont les inconvénients du nomadisme, la possession devra être entourée de toutes les garanties (1).

Moindre, sous ces réserves, sera l'intervention directe de l'Etat, plus il sera laissé au libre jeu des influences naturelles, plus stables, plus uniformes et meilleures seront les résultats obtenus. Mais ce n'est pas à prôner son abstention que nous allons aboutir, car il lui reste d'autant plus à faire qu'il a plus mal employé son temps et qu'il a plus négligé l'œuvre à laquelle nous voudrions qu'il fût, de toutes parts, convié. Cette œuvre vitale à laquelle il faut s'adonner, l'Etat a fait pis que de s'en abstenir, ses institutions aussi bien que

---

(1) Un projet de loi a été présenté le 11 mars 1897 (J. Siegfried, Leveillé, Doumergue, etc.), pour faire passer le « homestead » dans notre législation en étendant aux paysans et aux ouvriers agricoles le bénéfice des dispositions de la Loi du 20 novembre 1894 sur les habitations à bon marché. Le projet fixe la contenance à 5 hectares et la valeur, bâtiments compris, à 5.000 fr. — On a ainsi en vue la formation d'une population stable de petits propriétaires. Les auteurs du projet font ressortir que la rente des terres de valeur moyenne ne peut plus faire vivre trois catégories de personnes : le propriétaire, le fermier, l'ouvrier agricole. Le travail du cultivateur propriétaire sera, au contraire, rémunérateur.

L'on ne saurait trop, concernant le *nomadisme*, rester convaincu de tous les maux qu'il a, jusqu'ici, engendrés. Pas de moralité sans l'établissement et la permanence d'un foyer, pas de véritable famille non plus. Les *déracinés* sont un bien triste fruit de la civilisation actuelle.

des mœurs qu'il ne fait rien pour modifier, ont pour résultat de la contrarier.

Quel langage serait-il permis de tenir à celui qui, délibérant de prendre femme, ne serait pourtant pas résolu à traiter le mariage comme une façon de jeu : « J'aurais eu, pourrait-il dire, s'adressant à » la Société, le droit de vous demander, si, alors que j'étais totalement incapable d'acquérir, de mon propre mouvement, les qualités » nécessaires au citoyen, vous avez bien veillé à ce qu'on les fit » sortir des dons qui avaient pu m'être départis par la nature, nature » d'hérédité, d'ailleurs, où se retrouvait votre influence. Comment » règlerai-je ma vie ? Je puis ne songer qu'à vivre pour moi ; en » me mariant je vais surtout vivre pour vous. Je cèderai ainsi à » un penchant supérieur dont la force vous profite. S'il ne s'agit » que de satisfaire à l'instinct, vous savez très bien que c'est autrement que je m'y prendrai. Grâce aux exigences que vous avez » eues, aux devoirs de milice notamment, que vous m'avez imposés » j'ai franchi l'âge où la fougue naissante des sens, m'eût fait » accepter une charge que j'entends, à présent, discuter. L'esprit » de sacrifice et d'abnégation, vous n'avez pas trop insisté pour » me le donner, ce n'était sans doute pas votre rôle. Je saurai être » utilitaire. Mes parents, d'ailleurs, étaient de braves gens ; ils » m'aimaient beaucoup. Mais, et c'est là justement ce qui me fait » réfléchir, l'existence que leur a fait la charge d'une nombreuse » famille, n'était pas enviable. Si je me marie, votre fisc, le plus » subtil qui soit au monde, tirera de mes poches deux fois autant » d'argent, sinon plus, que vous n'en demanderez à un célibataire » de ma condition. Si j'ai des enfants, ce sera bien autre chose, » parallèlement aux dépenses grandissantes de leur entretien et de » leur éducation, vous ferez marcher en bonne, mais directe progression, les redevances de toute sorte où je ne ferai que me » heurter. — Des enfants, quoique je puisse faire et que j'en aie, » c'est pour vous que je les élèverai. — Vais-je ajouter un *sic vos non* » *vobis* de plus à tous ceux que nous connaissons déjà ? Vous entendez » bien que loin de me priver de quelque satisfaction, le célibat me » laissera tout pouvoir de ne me retrancher d'aucune. — Je ne suis » pas sot, je sais donner un coup de collier quand il faut, parler et » agir à propos ; chacun se prête à bien me traiter, je réussirai pleinement et vous m'honorerez grandement. Mon choix est fait. »

Ainsi pourrait s'exprimer, rendu au quadrivium de la vie, le jeune homme ou l'homme jeune auquel il échoit de prendre parti. Sa perplexité sera souvent moins vive que celle que dût éprouver Hercule, fils d'Alcmène. Le mariage si, finalement, il vient à s'y résoudre, ne le traitera-t-il pas comme une simple affaire ? (1)

Assez volontiers, toutefois, admettra-t-il le fils unique... le fameux petit français phényx dont on fait de gorges chaudes par delà nos frontières, en attendant que le moment soit venu de n'en faire qu'une bouchée.

Dans un pays comme le nôtre, où l'instruction se trouve assez répandue pour que les dupes y restent en petit nombre, où, au surplus, les incessantes courtisaneries des tactiques électorales et des surenchères de la presse quotidienne ont fait pire que déniaiser les masses, le spectacle de l'inégalité des fortunes y devient d'autant plus choquant et démoralisant que cette inégalité atteint les plus fortes proportions alors qu'il n'a pas d'autre cause que de simples jeux : les coups de la spéculation menant souvent à de véritables accaparements (2) de fait et à des catastrophes qui sont des cala-

(1) Fin de siècle, fin de race !

Damnosa quid non imminuit dies ?
Ætas parentum, pejor avis, tulit
Nos nequiores, mox daturos
Progeniem vitiosiorem ! (Hor. ad Rom. III, 6).

(2) Prenons quelques exemples... au delà des mers :

On sait de quelles royautés s'enorgueillissent les Américains. Le *roi des chemins de fer*, Jay Gould a laissé une fortune de 500 millions ; John Rockfeller, le *roi du pétrole* « vaut » un peu plus d'un milliard ; le *roi du sucre*, Havemeyer, 250 millions ; le *roi du fer*, Carneggie, 150 ; le *roi du blé*, Joe Leiter, n'est pas « apprécié », il est le maître des céréales. Il vient de faire un coup superbe dont tout le monde parle, des achats d'un milliard de blé qui lui ont laissé 90 millions de bénéfices. Il y a eu, comme conséquence, émeutes et massacres en Italie, troubles en Espagne, renchérissement partout, tout cela est de jeu. Il y a, il faut bien le dire, c'est à Chicago, un *roi des cochons*, master Armour, il fait honneur au proverbe et « vaut » son milliard. Le sceptre de la *Presse* a passé du *New York Herald* au *World* et de M. G. Bennett à M. Jos. Pulitzer. M. Pulitzer « vaut » 200 millions. Le sceptre de la presse devant être, plutôt, une trompette, son World est, sans doute, un monde où l'on fait le bruit qu'il faut, où il convient. La presse commande, en effet, au souffle de la renommée : *Spiritus flat ubi vult.* — L'homme le plus riche du monde serait le vieux Li-Hung Chang, vice-roi du Petchili. Il posséderait 3 milliards. Les Rotschild de Londres, Paris, Francfort et Vienne sont plus difficilement « évaluables ». Dans nos vieux pays les coffres-forts sont plus discrets.

Un « heureux du monde », c'est encore le prince de Tour et Taxis, anglais celui-là, et grand-maître héréditaire des postes de la Couronne de Bavière. Lui, est « le champion de

mités publiques. Faiseurs de coups de Bourse, ou simplement, « coupeurs de bourse », vide bas de laine ou simplement « tireurs de laine », toute la différence qu'on voit entre ces malandrins, c'est que les derniers, de beaucoup les moins dangereux, trouvent assez vite des gendarmes et des juges.

Faute des institutions, assurément, et de trop vieilles lois, plutôt que des hommes ! Il n'en est pas moins vrai qu'il y a quelque chose de pourri ailleurs « qu'en Danemark » et qu'en propageant le scepticisme des esprits, le désaccord profond des faits et des lois aggrave l'atonie du corps social. — Le changement qui s'est partout et rapidement opéré, il n'est pas besoin de l'expérience de toute une vie pour l'avoir remarqué. Il suffit qu'on puisse faire appel à des souvenirs d'un quart de siècle. Que de choses ont marché à la vapeur ! — L'histoire de tous les âges nous rapporte des preuves d'une démoralisation qui, sauf qu'elle était peut-être plus naïve, ne le cédait en rien, à celle de l'époque présente ; mais, pour un pays comme la France, on voyait cela se passer, en peu d'endroits, dans un monde à part, presque sans scandale... Si peu de gens en parlaient ! Qui lisait des journaux, il y a cinquante ans seulement ? Il fallait être riche, et souvent, aussi, il aurait fallu savoir lire. — Qui n'en lit pas aujourd'hui ? De quoi pouvaient-ils parler ? Que ne peuvent-ils pas dire ? — Eclairé, certes, chacun l'est, et souvent avec scandale et immoralité.

---

l'élégance ». Il met tous les jours un complet neuf ; douze tailleurs sont attachés à sa personne. On ne nous a pas laissé ignorer qu'il *usait, par an*, 1.000 cravates, 200 paires de chaussures, que tous ses vêtements étaient parfumés à l'essence de rose (2.000 francs le litre) etc... *Fruges consummere nati!* Les sauterelles aussi ont cette vocation.

Combien d'ultimes misères sont creusées pour nourrir ces énormes pléthores ! En voici un écho bien connu :

> ... D'une voix triste à cœur dissoudre,
> Mi-morte, elle chantait, ce *Chant de la Chemise :*
> ... Pourquoi parler de la mort ?
> Ce morne fantôme, je voudrais qu'il vienne ;
> Je ne crains pas sa forme, âpre comme le sort,
> Elle est tant pareille à la mienne !
> Que je souffre d'un mal amer !
> Car, ah ! bien des fois j'ai jeûné :
> O mon Dieu ! *même le pain est si cher,*
> Tandis que *mes os, ma chair, sont si bon marché !...*
> Travaille ! travaille ! travaille !
> Jusqu'où mes deux yeux ne pourront rien voir...
> *Plus que des forçats pour le crime...*

Cette nation, au surplus, a rencontré tant d'apôtres qu'elle ne ne sait plus, réellement, à quel saint se vouer. Telle, certaine dame, se découvrant un jour, n'importe où, un vague n'importe quoi et qui s'en va trouver un savant spécialiste, puis un second, puis, par un besoin de plus en plus motivé un troisième et jusqu'à un septième spécialiste, après quoi, elle dut s'arrêter empêchée, et pour cause, de fournir à plus amples « ectomies » ou greffages. C'était bien tout juste si les savants Rectumès, Causticos, Secator, etc... opérant *secundum artem*, comme il convient, lui avait laissé de quoi faire dire d'elle : cette personne.

Nous devrions pourtant nous lasser, dans ce pays, de fournir aux expériences, nous en avons trop subies déjà, notre sang n'est plus assez riche et doit être ménagé. Ce qui rend la guérison, mettons le retour à la santé, difficile, c'est qu'on ne sait à quoi se résoudre. Dans deux camps opposés on s'exclame avec une égale vigueur : « il faut tout changer » disent les uns, leurs termes sont même plus énergiques ; et ceux qui se croient tenus à un rôle de « fermes soutiens » quand même, de répliquer « ne touchez à rien ou tout est perdu, n'entrebâillez même pas la porte, ou c'en est fait de vous. »

Est-ce qu'une révolution serait effectivement nécessaire pour réaliser ce meilleur idéal de justice sociale dont le besoin doit être satisfait, puisqu'il est ressenti ? Nous entendons par révolution, tout changement opéré par violence et grâce à l'emploi de la force. — Tel n'est pas notre avis. Que le pouvoir, par ses organes régulièrement constitués, agisse au moyen de lois conçues en vue des intérêts les plus importants et pour leur sauvegarde (1) ; ces lois, le plus grand nombre les accueillera avec joie ; d'autres, après avoir peut-être tout mis en œuvre pour les prévenir, les accepteront sans plus de révolte et d'autant plus aisément que la conviction ferait davantage défaut à leur résistance.

---

(1) C'est surtout la science allemande, initiée par Comte, qui s'est attachée à mettre en lumière le rôle social de l'Etat. Déjà A. Müller (1779-1829) avait dit que l'Etat n'était pas un simple appareil d'administration, mais qu'il représentait, avec la totalité de la vie nationale, la société actuelle et la société future. — Karl Knies, notamment, s'appliqua à démontrer que l'Etat n'est pas uniquement le gardien de l'ordre désigné par Rousseau et Kant, mais qu'il existait des *buts sociaux* que lui seul avait le pouvoir d'atteindre et qui lui étaient, par suite, imposés.

La considération des intérêts, dit aussi G. Eliott, doit céder le pas à celle des fonctions et l'Etat seul peut en décider et y pourvoir.

Ce pays, de l'aveu du plus grand nombre est mûr pour bien des réformes et c'est parce qu'il les attend depuis longtemps déjà et que les discussions les plus passionnées se résolvent dans l'impuissance de conclure ou d'aboutir que la masse de la nation a été prise de découragement et de doute. Ces réformes dont tout le monde parle, dont la discussion alimente la presse et la tribune, est-ce devant quelque opposition irréductible qu'elles viennent échouer ? Le travail, la coopération, la mutualité (1) sous toutes ses formes et avec tous ses effets, le régime fiscal, le régime judiciaire et pénal, le régime pénitentiaire, le crédit public et populaire (2), la colonisation enfin qui peut recueillir les bons effets des solutions données aux autres problèmes sociaux, voilà de quoi chacun s'entretient, et non, certes, pour nier qu'on ne doive faire quelque chose et que ce ne soit urgent.

La querelle est, tout au plus, de savoir quelle mesure y mettre, moins encore, peut-être, qui devra y présider. Et les projets les plus timides réalisent, eux-mêmes, un grand progrès sur tout ce qui existe. — Mais il est si difficile de réunir une majorité lorsque chacun tient surtout à faire prévaloir sa note personnelle ; et après qu'une majorité a pu se former dans une assemblée, le résultat sera souvent remis en question dans une autre enceinte... Les législatures passent et tout est à reprendre. Et pourtant l'accord, un accord positif et réel existe dans les Chambres sur les points essentiels, comme il existe dans le pays. Quoi de plus instructif à cet égard que tous les discours programmes, que toutes les professions de foi où, au cours de la période électorale qui vient de prendre fin, les divers leaders politiques ont aspiré à interpréter les vœux du pays ou à lui faire part des convictions dont ils étaient animés.

---

(1) La mutualité vient d'être réorganisée par la loi du 1er avril 1898.

(2) « Le crédit et l'assurance agricoles feront disparaître des campagnes tout antagonisme entre le pauvre et le riche en les mettant sur le même pied ; il permettra au travailleur industriel et courageux de jouir des mêmes avantages que le capitaliste. Il y a là un problème social qui sera résolu aux champs, bien avant de l'être dans les villes » (M. Méline, Président du Conseil. Chambre 20 novembre 1897). Le succès obtenu par les syndicats agricoles permet, en effet, de nourrir cet espoir. Tout l'ordre social est intéressé à sa réalisation. Ce serait partie gagnée sur les revendications socialistes, dès à présent haïssables, par l'unique raison du sacrifice de la liberté qu'on entend exiger de tous. Il ne faut pas oublier pourtant que, pour le plus grand nombre, cette liberté est encore à réaliser.

« *Esurio justitiam !* » voilà le cri que ce pays fait entendre, celui aussi qui se retrouvait à chacune des pages des cahiers que les hommes de 89 apportaient, il y a déjà plus d'un siècle, aux Etats-Généraux de la Nation. — Combien loin nous sommes d'avoir vu se réaliser les vœux, les ordres mêmes contenus dans ces cahiers ! Et, cependant, qui, depuis, ne s'en est réclamé de ces fameux et immortels principes, ainsi appelés, peut-être aussi, parce qu'ils sembleraient destinés à être éternellement en question. Le peu cependant qui a été fait doit permettre d'espérer beaucoup, car il faut avoir confiance et répéter avec Voltaire :

> Un jour tout sera bien, voilà notre espérance !
> Tout est bien aujourd'hui, voilà l'illusion...

Et aussi :

> ... Que tout soit mal ou bien, faisons que tout soit mieux !

On dit volontiers que le Français est si affamé d'égalité, ce principal aspect de la justice, qu'il peut aller juqu'à lui faire le sacrifice de sa liberté. D'autres peuples dont les progrès matériels ont pu éclipser les nôtres, sont peut-être moins avancés sur ce que l'on est convenu de nommer « la voie du progrès. » Mais si la vie publique et politique est plus active chez nous, il faut reconnaître que l'évolution sociale est ailleurs plus marquée et que le zèle des porte-paroles du pays s'échauffe plus aisément, ici, sur le stérile terrain de la politique pure qu'il ne se voue à la cause des réformes pratiques.

« *Ignoti nulla cupido* » ! Notre pays a fait montre de plus de vitalité et d'expansion à des époques où une foule de libertés n'étaient même pas connues de nom et, aujourd'hui encore, d'autres pays gagnent et débordent sur le monde dont la constitution politique et l'organisation sociale sont loin de valoir les nôtres — Mais n'est-ce pas que nous avions alors et que ces pays ont sans doute encore une mentalité en harmonie avec les institutions ? Le désaccord en est, au contraire, bien visible chez nous — Des puissances toutes modernes envahissantes et absorbantes ont surgi. Alors que plus d'instruction lui faisait un besoin de plus de liberté et d'équité, en même temps que ces mots devenaient eux-mêmes plus banals, la masse de ceux qui travaillent sentait peser sur elle une servitude de plus en plus lourde. Le machinisme et l'industrialisme, se prêtant mutuellement leurs forces, ont assujetti les effectifs ouvriers à une condition aussi dure sans doute, matériellement, que celle des anciens serfs (1) et à un labeur dont l'intensité et la monotonie sont faites pour donner l'effroi (2). — Les lois, qui s'efforcent d'être humaines, ont, dans presque tout pays, fixé des limites à la longueur des tâches, ou ont voulu prévenir l'emploi abusif des femmes et des enfants. Des efforts ont été faits pour assurer la protection des blessés et des invalides du travail. Instruction, assistance, épargne ont été et sont encore l'objet de justes préoccupations. — Beaucoup a été fait déjà et on se propose de faire mieux. Tout cela est ou va être fort bien, est-ce ou sera-ce toutefois assez ?

Notre argument serait fort simple : L'homme est tout entier entre les mains de la Société qui en a fait sa chose et lui a changé son statut naturel. Les misérables nègres que nous allons vraisemblablement achever de faire disparaître au nom du progrès et que nous considérons comme « perdus » au cœur de l'Afrique « in the darkest Africa » mais où ils se retrouvent aussi bien, sans doute, que les poissons au sein des océans, n'ont jamais, en somme, été menacés de mourir de faim. Un progrès tout moderne a créé, chez nous, le prolétaire, l'homme qui ne tient à rien, le vrai « déraciné » qui, pour gagner sa subsistance et celle des siens, n'a que ses bras à offrir, sans sécurité, sans asile, véritablement *outlaw*.

La Société dont le fonctionnement loyal peut fournir à l'homme infiniment mieux que le pain sec quotidien de la nature (3) ne doit

---

(1) Déjà Justus Moser (1720-1794) avait, comme plus tard Carlyle et quelques économistes allemands émis l'opinion que le servage du moyen âge valait mieux que la soi-disant liberté du monde moderne. — La puissance de l'argent, les grandes manufactures, l'extrême division du travail vont, disait-il, engendrer bien des maux.

(2) Nous avons entendu souvent, dit un journal spécial anglais « *cotton factory Times*, » des fileurs de coton se plaindre d'être surmenés de telle sorte qu'ils ne pouvaient ensuite ni manger, ni dormir. Ils n'est pas rare du tout d'entendre des jeunes gens de 30 ans déclarer qu'ils sont épuisés par les métiers compliqués et les vitesses rapides. » — Il n'y a pas longtemps, on s'effrayait des vitesses de 7.000 tours pour les tisseuses mécaniques, on atteint aujourd'hui 13.000 tours *par minute*. Une tisserande doit arriver à diriger jusqu'à huit métiers battant 240 coups par minute. — Dans ces conditions, la dépense nerveuse devient énorme.

(3) A un point de vue simplement économique, il existe le plus grand intérêt à ce que l'homme qui travaille, soit très substantiellement nourri. Autant que la perfection

certes pas la subsistance gratuite à l'un quelconque de ses membres valides, mais peut-on dire que, sous une forme quelconque, elle ne lui doit pas les moyens de la gagner et que là où le porteur de titres a droit à la rente, le porteur de bras n'a pas droit au travail? — A une mise en demeure, ou, si l'on préfère, à un desideratum en somme aussi modeste, on n'a pas toujours répondu d'une façon bien sérieuse. — On se tient quitte d'autres raisons quand on a parlé des ateliers nationaux de 1848 et des déportations, c'est le seul mot qui convienne, de milliers de meurt-de-faim à la Guyanne ou au Sénégal, où rien n'existait pour les recevoir. — De tout ce qui s'est fait ainsi, au pied levé, sans étude d'aucune sorte, en façon de débarras et de « va te faire pendre ailleurs », nous ne saurions accepter argument. Nous reviendrons, au contraire, sur ce procédé qui, à raison du double remède qu'il peut procurer, répond entièrement au propos même de cette étude (2e Partie - colonisation).

Voici comment nous résumerons ou compléterons cette déjà longue discussion. Chez un peuple de civilisation avancée et d'une instruction caractérisée, notamment, par la diffusion de la presse journalistique, grâce à laquelle il vit en atmosphère de courtisanerie, il est nécessaire que les efforts du Pouvoir tendent à orienter le travail législatif vers la solution des questions sociales — nous ne disons pas de la Question Sociale qui durera autant que le monde. Les conditions essentielles de la production de la richesse, où tout est aveugle concurrence, et de leur répartition, aujourd'hui basée sur l'exclusion forfaitaire de leur facteur principal, se trouvent trop éloignés des types d'équité clairement aperçus et nettement revendiqués par la masse des ayants droit. — Le Pouvoir doit favoriser de toutes ses forces la propagation du mouvement coopératif qui contient la solution prochaine des principales difficultés de l'époque présente.

Tout est produit aujourd'hui en société. L'homme-sociétaire ne peut être crédité que par son travail, sur les produits de l'industrie

---

de l'outillage, l'excellente alimentation de l'ouvrier américain et anglais assure à leur production, malgré de bien plus hauts salaires, la supériorité sur celle de tous autres. — (Le salaire moyen est de 6. 25 aux Etats-Unis ; 4. 25 en Angleterre ; 3 fr. en France ; 2. 50 en Allemagne et en Belgique) — « Ce sont les hauts salaires et les courtes journées, dit le Ministre du Commerce d'Angleterre, M. Mundella, qui sont, pour notre pays, une cause de progrès, et ce sont les longues journées et les bas salaires du continent qui nous préservent de la concurrence ».

humaine. — En pareille matière, le progrès de la législation doit suivre de très près la marche des faits et l'évolution des mœurs. — Le mouvement de la population est lié, chez nous, à une situation morale [1] dont la question sociale est un des principaux éléments. — Indépendamment de sa valeur politique internationale, la colonisation peut constituer une solution très heureuse des difficultés de l'ordre social. — Elle peut conjurer les crises, elle peut y mettre fin. Il est, toutefois, nécessaire que ce soit une œuvre suivie et soigneusement étudiée. L'Etat doit agir à la façon d'un porteur de valeurs « à lots », qui, après avoir prévu l'emploi normal de ses échéances, a toujours un propos tout formé pour le cas où il viendrait à être remboursé « avec prime. » — L'étendue de notre empire colonial nous permet, pour longtemps, cette politique. Un courant régulier d'émigration doit être créé et entretenu et une pensée doit être gardée pour les époques de crise que les phénomènes économiques, de plus en plus puissants, peuvent suffire à provoquer. A ce moment précis, si on sait d'avance où la conduire et à quoi l'appliquer, l'émigration coloniale sera particulièrement bienfaisante. — Il faut, aujourd'hui plus que jamais, se garder de vues partielles : tout se tient et se solidarise de plus en plus à travers le monde moral et d'un bout à l'autre de l'Univers. Cette prudence est surtout nécessaire dans la discussion des problèmes sociaux.

---

(1) Bien des esprits s'accordent à trouver qu'une révolution morale proprement dite, un retour à des types rénovés du bien et du juste et surtout à des sentiments de haute charité, seule bonne garantie des obligations solidaires, ne seraient pas d'une moindre nécessité. Ce qui est significatif, c'est que cette préoccupation se soit fait jour dans maints ouvrages d'économie et de sociologie. Le temps semble heureusement bien fini du pur utilitarisme benthamiste dont l'école, dite de Manchester, crut devoir se faire honneur. L'économie politique n'est pas une simple science de marchands, placée sous l'invocation de Mercure. Elle ne mérite plus le nom de *dismal* « sinistre » *science*.

CHAPITRE V

Fâcheux errements et graves excès. — Boutiques et Bureaux. — Alcoolisme. — Conclusion.

Nous venons d'indiquer de quelle importance il est, suivant nous, que dans un pays où l'opinion joue un si grand rôle et où le sentiment de ce qui est dû à l'égalité, entendue comme équité sociale, est si puissant, le mérite personnel et le partage de la richesse, fruit du travail, se trouvent mieux accordés qu'ils ne le sont à l'heure présente. L'absence, ou plutôt, le manque de justice sociale que soulignent tous les jours maintes déclamations, est un spectacle qui ne peut que démoraliser les âmes en menant les citoyens à des revendications vaines et dangereuses et, à la fois, à l'abdication de leur vrais devoirs. Parmi les premiers qui seront ainsi sacrifiés, sont ceux qui peuvent l'être sous couleur des moins mauvais prétextes. — Il aura tant de choses à nous dire celui qui, par exemple, prend le parti de vivre sans famille, et il finit par se trouver en si nombreuse compagnie qu'il en devient de bonne foi et, d'avance, tout excusé.

Qu'un peuple chez qui les idées passent si facilement à l'état de forces agissantes, se trouve atteint par un tel état d'esprit, jusque dans sa vertu de population, cela n'offre rien de surprenant ; mais à cette cause, qui semble agir moins vivement chez les peuples rivaux du nôtre, s'ajoutent des excès qui caractérisent davantage encore, dans ce pays, la période évolutive où nous sommes parvenus. — L'un de ces excès, notamment, est d'autant plus grave qu'on peut lui attribuer l'extrême diffusion de ce mal, de ce fléau de l'alcoolisme, qui devient véritablement terrifiant et auquel nous en sommes encore, en France, à chercher comment s'attaquer. — Ses effets sont d'autant plus funestes que ce qu'il détruit le plus sûrement chez l'individu, c'est l'énergie nécessaire à la perpétuité de la race.

Si l'inégale, mais surtout peu morale répartition de la richesse est un fâcheux aspect de la société actuelle; si les conditions du travail et de sa rémunération sont, en général, défavorables, il est un autre point de vue sous lequel notre organisation intérieure peut justifier une appréciation non moins sévère; nous voulons parler de l'aspect actuel de la division du travail, aussi bien du travail exécuté par les individus que de celui qui rentre dans la tâche, de plus en plus élargie, de l'Etat moderne. Il y a, de part et d'autre, un gaspillage véritablement prodigieux d'hommes et de forces.

D'une manière générale, dirons-nous donc, aussi bien qu'au point de vue plus spécial de la population, à l'énergie de laquelle tout essor se trouve intimement lié, deux excès surtout sont à signaler, un abus est à dénoncer. — Les deux excès consistent en une sorte d'évolution parasitaire de la vie commerciale et de la fonction administrative sous toutes ses formes, leur organisation ne suivant pas, avec assez de souplesse, les changements qui sont venus démoder les procédés de jadis. L'abus vient du penchant de plus en plus accentué des générations actuelles, pour les excitations factices et violentes que peuvent, principalement, procurer les liqueurs fermentées, aucun frein matériel ni moral de quelque énergie, n'ayant été, chez nous encore, mis en jeu pour enrayer de funestes pratiques dont l'habitude ne fait que gagner et s'étendre.

Il n'est pas, en outre, contestable que la propagation de ce fléau ne tienne beaucoup aussi au désarroi commercial auquel nous assistons, le trafic des spiritueux étant devenu l'asile commun d'une foule de boutiquiers et d'artisans, dépossédés par la grande industrie et par les grandes maisons.

Après avoir donc parlé, au cours de ce chapitre, de la crise des petits métiers et des petits négoces, nous dirons quelques mots de l'alcoolisme, terminant enfin par de brièves considérations sur l'appareil administratif du pays, envisagé au point de vue spécial auquel nous nous sommes placé dans cette étude.

I. — Si nous pénétrons dans quelque grand chantier industriel, occupant, par exemple, un millier d'ouvriers, ce qui représente l'énergie productive d'une petite ville de 4 à 5 mille habitants, des inscriptions, des écriteaux, nous indiqueront, dès l'entrée, la répartitition des tâches et des services. Ici sont les bureaux, là, les magasins, plus loin et sous quelque vaste hall, se présentent les ateliers, distribués et outillés en vue du fonctionnement le plus rapide et le plus simple. Une haute cheminée attire nos regards ; là, au cœur de l'usine, s'exhale le souffle des foyers ; dans ces foyers, de leurs bouilleurs, se dégage une force unique ; recueillie et canalisée sous haute pression, transmise par des courroies, des arbres et des engrenages jusqu'à épuisement de son énergie, cette force meut et anime les mille organes mécaniques nécessaires à la vie de l'usine. — La pensée qui a présidé à l'invention de ces organes, ou à leur groupement, celle qui a distribué la force et décidé de la répartition des tâches est partout nettement lisible. Le but une fois connu, toutes les idées qui pouvaient y mener et le servir, ont été groupées, fondues, rendues homogènes et concourantes à la même fin. Il en a été de même des forces et des agents d'exécution. Tout est rythmique et harmonique, sans rien de disparate, ni d'antagoniste, ou qui fasse double emploi.

Tel est du moins le résultat que l'on a en vue, toutes les fois que les ressources nécessaires peuvent être réunies pour placer dans les mêmes mains les moyens destinées à pousser jusqu'à la limite de la perfection possible, les merveilleux effets de la collaboration et de la division du travail.

Quel que soit le sort réservé au capitalisme, on ne saura oublier que l'on doit à ce régime et que l'on n'aurait pu obtenir sans lui, les grands établissements industriels, les vastes entreprises commerciales de toute sorte d'où est issu l'essor économique si surprenant auquel l'âge actuel emprunte sa physionomie.

Sans entendre ignorer ni absoudre les abus qui font des ombres grandissantes à ce tableau, il faut reconnaître qu'il y a là une transformation nécessaire (1), un bienfait dont le souvenir devra être gardé. Dans toute évolution, il y a, d'ailleurs, à un certain degré, révolution ; les étapes du progrès sont marquées par des

(1) « Vous ne sauveriez pas le petit commerce en accablant les grandes entreprises qui représentent une si large part de nos affaires et sont les meilleurs instruments de propagande de l'industrie française à l'étranger, mais.... vous décourageriez d'une façon si définitive les initiatives de quelque importance, qu'en vérité, ce serait à renoncer au relèvement économique de ce pays. » (Ministre du Commerce, Chambre, 10 mars 1898.) — Il ne faut pas oublier avec quelles armes lutte la concurrence étrangère. Le moment n'est malheureusement pas encore venu d'un état économique patriarcal. A cet égard, comme au point de vue militaire, les nécessités internationales dominent les convenances locales et leur commandent avec rigueur.

crises sociales. — La transformation qui vient de s'accomplir est la plus considérable qui ait eu lieu; l'état des mœurs n'était pas qu'il y fût mis quelque ménagement. — N'est-il pas, de plus, de l'essence de toute affaire humaine que le mal y succède au bien, par la tendance naturelle de toute institution en possession du pouvoir, de se perpétuer pour le profit d'intérêts particuliers, au-delà et au détriment de l'utilité générale, fin et cause première de son succès initial ?

L'organisation du travail sous l'ancien régime, si logique d'abord et si justifiée, puisqu'elle seule pouvait l'affranchir de la domination féodale, avait abouti à de tels abus que chacun applaudit à sa destruction, au nom du même droit et de la même liberté qui avaient pu être invoqués pour l'établir. — C'est encore au nom de ce droit, de plus en plus réduit et, aujourd'hui, presque annihilé que se fera, pacifiquement, si nous savons à temps le vouloir, la prochaine réforme sociale. — L'industrialisme moderne écrase et opprime le travail libre et les énergies individuelles, si précieuses à sauvegarder, autant que pouvait le faire le système corporatif dont notre Révolution vint détruire les privilèges. Le pouvoir social semble avoir seul désormais assez de force pour démanteler les forteresses où se retranchent la production et le commerce du haut anonymat. La législation doit travailler dans ce but. Quel problème, toutefois, de maintenir les droits de la liberté et de ne pas substituer la tyrannie de l'Etat à la tyrannie commanditaire et cosmopolite dont les intérêts sont trop souvent antinationaux et même antisociaux.

Il n'y a plus de « patrons », dans le bon et salutaire sens du mot, et il n'y a plus de « compagnons » (1). L'Etat va-t-il entreprendre de devenir le patron universel et obligatoire ? Si c'est là un progrès, reconnaissons que nous serions mal inspirés d'en réclamer l'immédiate jouissance. Il n'y aurait pas assez de sereine justice d'un côté, pas assez de résignation ou de condescendance mutuelle de l'autre. L'humanité n'est pas mûre pour le phalanstère. Il est consolant d'entendre parler de l'Etat-Providence : où sont les apôtres au cœur consumé d'un zèle bien pur, qui nous en apportent la bonne nouvelle et se feront les serviteurs de ceux qu'ils entendent affranchir ?

---

(1) *Cum pane* : collaborateur et « commensal » d'un maître « paternel ».

Si l'atelier était une chiourme, si le prolétariat était tenu en cage, il n'en serait que plus nécessaire de ne pas muer, préalablement, en bêtes féroces, les malheureux qu'il s'agirait de délivrer. Si les vieux cadres, les vieilles barrières sont à briser, qu'il ne s'en échappe pas des bandes qui auraient l'esprit et les mœurs du bagne. Il faut prêcher le droit, mais surtout le droit à des devoirs toujours plus hauts, et non la haine qui peut changer les victimes en bourreaux. Il faut faire bien comprendre à tous le sens profond de la solidarité humaine, qui aboutit à l'universelle charité. — Le triomphe sera d'autant plus aisé, la victoire d'autant plus durable que la révolution des faits aura été préparée et conduite par la réforme des mœurs ([1]).

Nous n'habitons pas en pays d'Utopie ; l'Humanité n'est pas sur le point de pénétrer dans les *Templa serena* entrevus par l'éloquent poète latin de la « Nature » ([2]), et le problème de la paix sociale est rendu singulièrement complexe par les nécessités de la guerre internationale : de la guerre commerciale qu'il faut soutenir sans arrêt, de la guerre militaire et sanglante, à laquelle il faut incessamment et sans défaillance, se tenir prêts. Seule, d'ailleurs, la pratique des loyaux arbitrages acceptés par les peuples comme par les classes, pourra mettre fin à d'aussi déplorables extrémités.

Ce qui caractérisait l'état politique de l'occident de l'Europe, durant le moyen-âge, ce qui peut le mieux signaler l'état économique actuel, ne mérite qu'un seul et même nom : l'anarchie. — Ce nom, convient-il, en effet, de le garder pour qualifier l'état d'esprit de quelques milliers de songe-creux à qui toute autorité est devenue odieuse ? Ce sont plutôt là des fruits auxquels il faut juger le régime. — N'est-elle pas anarchique, visiblement, c'est-à-dire à côté, peut-être même au-dessus des lois, cette situation dans

---

(1) *La moralité du grand nombre* est l'unique recours que la liberté puisse trouver pour subsister en démocratie (Ch. Secrétan. « La Civilisation et la Croyance », p. 41.) « Il faut nous améliorer en nous employant au bien de l'ensemble ». Il existe « une mission intérieure » pour « les hommes sains d'esprit et droits de cœur ». (Id.)

(2)
Sed nil dulcius est quam bene munita tenere
Edita doctrinâ Sapientum Templa serena

(Lucrèce. *De naturâ rerum*).

Rien n'est doux à l'égal de votre paix sereine,
Temples de la Sagesse antique et souveraine.

laquelle des organismes industriels, commerciaux ou financiers, financiers surtout, arrivent à se placer, dominant les faibles lois d'un pays, les lois faites pour d'autres temps, pour un état de moyenne et, dirions-nous, bourgeoise honnêteté, de toute la forte impudence que donne la conviction d'une supériorité de fait, vite affirmée comme une supériorité de droit. — Au lieu de forteresses féodales, de donjons relevant insolemment leur herse à la barbe des archers du roi, nous avons les puissants comptoirs de la spéculation cosmopolite, devant lesquels la trop modeste livrée de nos lois ne peut guère autre chose que « faire circuler. »

Ces images ne sont pas de la simple rhétorique. Une rupture violente d'équilibre s'est produite entre les diverses forces économiques du pays ; celles qui peuvent favoriser l'entretien de la population se trouvent manifestement sacrifiées. — Bien plus que le service militaire, celui de la grande production opère des mobilisations dans lesquelles disparaissent la famille, le foyer et jusqu'à la personnalité des travailleurs. A côté de cette puissance ne peuvent plus vivre que d'infimes commerces de consommation dont la catégorie la plus nombreuse ne prospère que grâce à la diffusion d'habitudes qui sont un véritable vice et même un danger public.

Quel parti s'offre aujourd'hui aux jeunes Français arrivant à l'âge d'homme? Interrogeons plutôt leurs familles, car, neuf fois sur dix, la part de décision qui revient à l'enfant s'exerce dans le sens auquel il a été incité et suivant l'ordre d'idées avec lesquelles il a été familiarisé. On nous parlera, suivant le milieu, de grandes écoles, grandes administrations, génies militaires ou civils, barreau, médecine, magistrature, diplomatie, enseignement, offices ministériels, états-majors : carrières de l'Etat, en un mot, sous toutes les formes et à tous les degrés ; on y a une retraite, sans compter... le prestige (1). On aura en vue, car enfin tout le monde ne peut pas être fonctionnaire, un fonds d'épicerie, un débit « marchand de vin, » une boulangerie, une boucherie, une charcuterie, etc. La livrée en attirera d'autres ; nous ne dirons rien de l'art ni de la littérature. Les plus détachés d'ambition iront aux petits métiers, à l'usine ; les trafics ignorés, les barrières, les ponts, les boulevards

(1) Quels ravages exerce chez nous ce qu'on pourrait appeler, par ellipse « le prestige libéral ! » Chacun sait que le Français est affamé d'égalité et... assoiffé de distinctions. Détestable manie, trop entretenue par une décorative monnaie !

extérieurs, les grands chemins, « le trimard » seront la « carrière » de la foule des réfractaires et des vagabonds. Les « agents de la force publique » formeront de gros bataillons. Quant à la terre, à l'*alma parens rerum*, celle de France en aura ce qui ne pourra pas s'en échapper, car, si toute ville est venue des champs, jamais, aux champs, rien de la ville ne revient ([1]), et celle des colonies attendra en vain les travailleurs qu'elle serait prête à payer au centuple de leur peine.

Dans toutes ces hypothèses, nous avons dû supposer la présence de deux ou plusieurs enfants. S'il s'agit de familles à fils unique, la réplique des *unipares* sera prompte : « ce que fera notre enfant ! mais ce qu'il voudra, cher monsieur, rien du tout si ça lui plaît (les unipares sont, en général, des petits rentés), nous n'allons pas le contrarier, bien sûr ! »

La caractéristique de ces choix de carrières ou de métiers, c'est, non seulement ce qu'on pourrait appeler la conduite du « moindre effort, » mais, en outre, un certain parti pris de médiocrité en tout et l'absence de toute noble ou forte ambition. L'impression que les étrangers doivent avoir, c'est que nous sommes un peuple qui se « recroqueville. » Ce qu'ils en disent doit suffire à nous édifier.

Que ne doit-on pouvoir faire, cependant, par la vertu d'une éducation bien dirigée ! Si nous voyons, dans un intense mouvement colonisateur, le principal remède à l'atonie dont nous périssons, il faut reconnaître que c'est en l'éducation que gît le secret de la révolution à produire dans les esprits et les caractères. N'est-ce pas à elle que nous avons fait appel, après nos désastres, pour faire passer dans le cœur de nos enfants la décision de se tenir prêts à tout sacrifice pour le salut du pays ? Le salut du pays ! Mais ce n'est pas de moins qu'il s'agit en ce moment !

L'éducation est une longue suggestion et son effet est irrésistible. On a dit à chacun de nos enfants : « Tu seras soldat ! » mais, sa dette de milice, le Français la paye en quelques mois : on a ajouté, on doit ajouter : « Tu seras laboureur, artisan, ouvrier ; les » métiers du plus grand nombre sont aussi les plus importants. » Tu seras colon, si tu veux être deux fois utile à ton pays, en

---

(1) Au cours de la période 1882-92, la population agricole a diminué de 250.000 *travailleurs* (Statistique agricole décennale du Minist. du Commerce).

» travaillant aussi pour la plus grande France. Mais, en aucun » cas, tu ne seras le parasite, l'oisif inutile à tous et à lui-même » et dont l'existence seule est une honte, quand elle n'est pas un » délit. Celui dont le travail profite le mieux au bien de l'huma- » nité : savant, inventeur, ouvrier diligent, est celui qui doit être » le plus estimé. — L'indépendance est le plus précieux de tous » les biens, c'est elle qui donne le plus de prix à la solidarité ; elle » en fait une chose de sentiment et de raison, car elle ne doit pas » être subie comme une nécessité, mais recherchée comme le plus » précieux bienfait ».

Il faut que les éducateurs de la jeunesse l'exercent à vouloir et à décider, lui montrent ensuite l'immense portée de l'association et de la coopération qui, grâce à l'entente mutuelle, suppriment les besognes inutiles et contradictoires pour ne laisser subsister que le travail bienvenu de tous, profitable à tous. Le client ne doit pas être une proie, ni le patron un tyran, ni l'ouvrier une victime toujours près de la révolte. — On ne peut admettre que la guerre des classes, car elle existe dans les esprits, comme, parfois, dans les faits, doive rester l'aspect normal de la société. Ce serait décréter que les hommes seront toujours moins d'accord sur leurs intérêts que certains animaux et en auront un sens moindre que celui qui préside à la vie de tant de républiques d'insectes. La complexité de nos besoins n'altère en rien la simplicité persistante des principaux de nos intérêts.

Il y a quelque chose de vraiment désordonné, de chaotique dans les efforts des hommes pour obtenir les biens nécessaires à leur subsistance et à leur progrès. Qui pourrait envisager d'un coup d'œil la fourmilière que nous formons sur le globe, resterait frappé du désarroi, du heurt, de l'anarchie dont les « rois de la création » fournissent le continuel spectacle. — Il y aurait là un sujet d'iné- puisable et trop facile satire. — Cela va du conflit violent, du choc de la guerre qui mue en bêtes féroces des millions d'êtres humains, placés dans la plus belle période de leur existence, des impulsions de cet instinct qui a fait adopter les rites sanglants du duel, jusqu'à la concurrence, dite pacifique, pour la production, la répartition et la consommation des biens, où nous voyons les peuples, les classes et les individus lutter dans des assauts dont la courtoisie et même la simple honnêteté se trouvent bien souvent bannies.

A cela, nul remède, dira-t-on, c'est dans l'ordre de la nature, c'est le grand « stuggle for life. » — Bien au contraire, répondrons-nous : oui, il est dans la nature et vieux comme le monde, le crime lui-même qu'on a pu appeler « le premier nourricier du genre humain, » mais la sainteté aussi est dans la nature. Il est consolant de penser que, bien loin dans l'histoire, les exemples abondent des êtres de charité qui ont trouvé meilleur de risquer leur vie que de prendre celle des autres, de travailler et de se dépouiller pour leur prochain, que de confisquer son travail et de le piller. C'est une élite, mais cette élite a été légion. — Il serait absurde de prétendre conduire les hommes à la sainteté et les apôtres manqueraient fort pour cette mission ; mais il est un port d'accès bien plus aisé, où le progrès peut, semble-t-il, nous conduire à voiles pleines, celui de la simple honnêteté, port assez vaste, en vérité, pour abriter le genre humain, sous quelque bannière qu'il s'y présente, car, s'il y a une chose qui nous convienne qui nous soit « expédiente » et où nous ayons tous intérêt, c'est bien cette vertu, non cette simple clairvoyance dont tout le précepte tient dans deux termes bien connus: « *alterum non lædere, suum cuique tribuere :* » « ne fais à autrui rien que tu ne voudrais qu'on te fît, fais pour lui ce que tu voudrais qu'on te fasse. » — Le règne si enviable de cette simple maxime ne saurait rester une utopie ; il suffit que tous les hommes aient les yeux ouverts sur leurs intérêts et puissent en parler sur un juste pied d'égale indépendance et de bienveillance mutuelle. Ce doit être là le but, l'objet, la grande affaire de l'éducation qui se doit à tous en raison des aptitudes de chacun.

C'est cette compréhension de solidarité entière qu'il est urgent de répandre aujourd'hui. Ce qui est une simple lumière de notre esprit, il faut en faire une force et une habitude. — Le spectacle de la vie journalière n'a pu qu'infirmer, jusqu'ici, l'heureux effet de ces convictions ; l'effort éducatif doit être d'autant plus grand qu'il faut non seulement agir, mais, en même temps, réagir ; non seulement créer un courant nouveau, mais encore le défendre contre les forces hostiles qui le heurteront de toute part et viseront à le détruire.

Pour apprendre aux jeunes Lacédémoniens le prix de la liberté et de la tempérance, on leur montrait des ilotes ivres ; pour apprendre à nos enfants la vertu de l'association et de la solidarité, il faut, sans se lasser et sans crainte d'avoir à rougir pour nous-mêmes, leur mettre sous les yeux les innombrables exemples de cette anarchie et de ce désordre qui pèsent encore sur les conditions du travail : les superfluités absorbant l'effort entier de millions d'existences, alors que les nécessités sont si loin d'être satisfaites; l'humanité souffrant la faim sur des richesses auxquelles elle supporte qu'il soit interdit de toucher, tellement sont imparfaites et grossières les lois qui président à leur distribution; les éléments indispensables au soutien de notre vie animale, annihilés, rendus stériles par une spéculation dont le jeu sauvage les repousse de place en place, par dessus des foules en famine ou en disette, comme feraient les vents contraires, des nuées porteuses de pluie impatiemment attendue. — Ici, dans un centre industriel, mineurs, usiniers, filateurs, auront accumulé charbons, fers ou tissus; là, dans un riche pays agricole, céréales et bétail déborderont des greniers et des champs; ici, entassement d'outils pour tous les travaux, mais besoin de manger non satisfait : là, profusion de vivres mais pénurie d'outillage pour forcer la nature à renouveler son bienfait et rendre la production plus abondante encore et plus facile. « Echangez! » disent les économistes; « ne touchez pas, il y a pari ! » réplique un spéculateur; et c'est lui qui a le dernier mot. Ne nous lassons pas de le répéter, la grande, la criminelle anarchie, la voilà!

Il est vrai que le désordre atteint ici une hauteur qui déconcerte nos lois, nos pauvres petites lois d'un autre temps ! (1) — La Révolution a supprimé les coutumes: il y en avait trop; mais en nous donnant les bases nouvelles de la Loi, on a entendu, et bien à tort, tuer aussi la coutume, substituer une Loi rigide et figée, la mort de la lettre, à la loi vivante et progressive dont le besoin est immanent. — Rome avait son droit prétorien, droit d'actualité, sans cesse en marche, du même pas que les mœurs et les idées. Ses premiers législateurs avaient été des ignorants et des simples, quel bienfait ! ils ne firent que peu de lois. Nos législateurs consu-

(1) Nous ne sommes pas éloignés, d'ailleurs, de penser que rien de très efficace ne pourra être fait, en dehors d'un concert international, contre cette sorte de piraterie commerciale qui s'exerce aujourd'hui, à coup sûr et par mot d'ordre, d'un bout à l'autre du globe.

laires étaient des « jurisperiti » éminents. Conçurent-ils le dessein de tout fixer? Est-ce l'Ecole qui a voulu leur en faire le douteux mérite? En ce temps là, on croyait beaucoup aux vertus décrétales et déclaratoires. — Où nos lois sont trop nombreuses, ou l'esprit en est trop rigide. Il faut plus laisser au Pouvoir et plus exiger de lui; quel avantage, s'il parvient à se fortifier assez pour restaurer le le crédit moral de l'Ordonnance et du Décret!

A aucune époque l'évolution sociale n'a eu plus d'aspects ni plus d'activité qu'aujourd'hui. Il faut qu'elle soit très souple et très alerte la force destinée à la régler et qui, dans le conflit inévitable des intérêts, pourra, à point, faire prévaloir ceux de la collectivité sur ceux de l'individu et ceux de l'avenir, sur les intérêts du moment présent.

Pour ce progrès si désirable il faut que les résistances soient divisées, isolées, réduites à leurs éléments propres, à leur réelle faiblesse. Il faut montrer, rendre tangible, l'efficacité de la bonne entente mutuelle, de la collaboration voulue et méthodique. — Il faut puiser sans relâche dans les exemples qui nous environnent. — Ce pain que nous mangeons, ces aliments, nommément désigés, ces boissons si nécessaires, ces tissus et ces vêtements, ces mille objets dont l'usage est devenu indispensable, tout cela qui est produit en si grande abondance, quel est son prix de travail, pourquoi le payons-nous beaucoup, beaucoup plus cher [1]? — C'est l'effet et l'abus de la spéculation, de la commission, de l'intermédiaire [2]. — Au lieu de la plus droite ligne entre l'homme qui produit et celui qui utilise, c'est par une série de lignes courbes, brisées souvent rétrogrades, par des circuits et des labyrinthes décevants que tout est acheminé vers son but. Parfois même, l'effet utile du travail de production se trouve, en quelque sorte, évaporé, anéanti en chemin, et il vient un moment où le produit est grevé de charges telles que son destinataire naturel doit renoncer à l'acheter. Il reste là, en détresse, avili, et aussi, avilissant, offert bientôt à n'importe

---

(1) La consommation de la France est évaluée à 25 milliards. Les intermédiaires en prélèvent 8. La différence entre le prix de revient et le prix de vente peut varier de 30 à plus de 100 p. 100 (Gide. Econ. pol. 215).

(2) Les intermédiaires de l'alimentation ont passé de 239 mille en 1886, à 263.000 en 1891. C'est là qu'on retrouve une bonne partie des petits journaliers propriétaires qui ont disparu des campagnes (M. Méline. Chambre. 20 novembre 1897). Pour limiter le rôle de ces intermédiaires, un moyen est à la portée des agriculteurs, c'est de se constituer en sociétés coopératives de production et de consommation (Id).

quel prix. — Toute la force qu'y avait mise le travailleur s'est donc, ici, perdue en route. Mieux, ou, plutôt, pire encore, le travail si déprécié de la veille ne vient-il pas, non employé à son heure, ruiner le travail du lendemain ?

En songeant au long et épuisant circuit imposé à la distribution de la richesse, la comparaison peut venir à l'esprit de tous ces fleuves aux belles sources qu'on voit, en diverses régions du globe, s'appauvrir, en leur cours, jusqu'à dessèchement de leur lit, à travers des terrains désertiques et sous un ciel aride qui absorbent tout et ne rendent rien ; mais pour saisissante qu'elle pût être, cette image ne traduirait que faiblement l'aspect résolûment anti-économique de tant de faits dont nous sommes journellement les témoins. — L'avilissement factice que le double jeu de la commission et de la spéculation vient à faire subir à un produit, ne constitue pas seulement un tort direct fait à celui qui l'a créé, le dommage indirect qu'il en éprouve est plus grave et plus démoralisant encore. — Que d'exemples à citer ! Voilà une pièce de toile tout frais tissée, que vous voulez vendre vingt francs et qui les vaut ; mais en voici une autre que vous avez fabriquée, il y a deux ans, elle est, en somme, de même usage et je vais l'avoir pour quinze francs, pour moins, même. Ces couteaux, ces armes, cette montre, ce meuble, etc., ces mille objets de fer, d'acier, de cuivre, voilà ce que cela vous coûte aujourd'hui : d'accord, mais voici ce que l'on m'offre et le prix que l'on m'en demande. Cela vient peut-être de chez vous, cela vous a peut-être coûté plus cher que ce que vous fabriquez à présent. — Est-ce possible ? Comment cela a-t-il pu arriver ? Tout serait bien long à dire ; faisons le compte de ce qu'il faut de ruines, dans l'industrie et dans le négoce, pour édifier certaines fortunes. Le commerce, où qu'il s'exerce, a ses naufrages et ...ses naufrageurs. S'indigner ? cela fera sourire, on a « le triple airain » dans ce monde-là.

Que signifient encore des résultats aussi singuliers et comment la libre concurrence dont l'effet logique et si longtemps considéré comme immanquable, devrait être de tout faire obtenir au plus juste prix, peut-elle, tantôt mener à des majorations qui dénoncent de vrais accaparements, tantôt à des avilissements qui sembleraient être la négation du commerce ? C'est que, et cette vérité est aujourd'hui à peu près partout reconnue, la libre concurrence, pas plus celle du *free trade* que du *fair trade* n'a sans doute jamais existé, qu'elle existe à présent moins que jamais et qu'elle ne saurait régner dans l'avenir si ce n'est une amélioration profonde des mœurs publiques et privées, survenant elle-même après un changement non moins grand opéré dans l'organisation politico-sociale de l'humanité. Il est certain que, lorsque se seront produites, sur la surface entière du globe, cette plénitude et cette homogénéité de peuplement et de civilisation que nous avons précédemment entrevue, le travail et le commerce reconnaîtront des règles tout autres que celles où nous sommes asservis. Mais au moment présent de l'Histoire, et en l'état de nos mœurs, ce serait vouloir s'abuser que de croire aux vertus du libre échange entre les peuples et à celles de la libre concurrence dans les rapports privés des individus.

Arguments de protection et de libre échange ne sont-ils pas, d'ailleurs, au fond, identiques ? Leur dernière analyse n'aboutit-elle pas à la simple utilité, et cette utilité, en l'état actuel du monde moderne, qui est la guerre ouverte ou latente, peut elle être autre chose que variable et contingente ? Si l'Angleterre, par exemple, a, la première et si longtemps, préconisé le libre-échange, nous savons pourquoi et, de même que nous voyons qu'il n'en a pas toujours été ainsi, nous découvrons, également, qu'elle est en train de se faire un autre évangile et entendons déjà les promesses qui s'échangent entre elle et ses colonies.

La liberté qui est censée présider aux contrats particuliers comme au jeu des intérêts des groupes et des collectivités, n'est pas, non plus, un moindre leurre : peut-il en être autrement et la pleine liberté exister sans l'entière égalité ? — Si les conditions de mutuelle indépendance étaient malaisément réalisées avec les anciennes formes du travail et du commerce, que doit-il en être aujourd'hui, où, avec les organes anonymes et commanditaires et non plus dans un seul lieu, mais entre les places où le commerce du globe vient aboutir, tout est matière à *consortium* ? — Or, dans notre race, est-ce un bien, est-ce un mal ? l'individualisme est plus accentué que dans tout autre. Que ce soit pour la guerre ou pour les affaires, nous nous embrigadons moins volontiers que nos voisins. Cette disposition nous crée déjà, à elle seule, une réelle infériorité.

Une foule de petites fortunes, de bonnes maisons et de moyens patrimoines s'étaient fondés sur ces libres impulsions des énergies individuelles. Aussi les mœurs tout-à-fait nouvelles que le cosmopolitisme commercial a fait prévaloir, devaient-elles causer chez nous des maux et des ruines dont ont bien moins souffert les pays nouvellement venus aux progrès de la technique industrielle. — C'était, en France, depuis, surtout, les temps de la Restauration et jusque vers la chûte du second Empire, le véritable âge d'or des moyennes affaires, de ces entreprises, hardies peut-être, pour l'époque, mais cependant de médiocre envergure et pour le succès desquelles il pouvait suffire d'une idée et d'un homme. C'était assez que l'idée fût bonne et l'homme énergique et persévérant.

L'idée, aujourd'hui, sa valeur du moins, sera peu de chose, à la vérité ; il s'agira de n'importe quoi, car on n'en est plus au commerce « vieux jeu » où tous les contractants pouvaient espérer gagner. Oui, si fabriquer n'importe quoi, qui pût se vendre, était le but du mercantilisme classique, faire acheter de n'importe quoi, est devenu le dernier mot de la spéculation appliquée au négoce. Si un groupement suffisant de capitaux et d'influences a pu être réalisé, il y aura de beaux bénéfices, mais il y faudra une proie et des ruines. C'est bien la guerre. On « machine » une affaire comme une pièce de théâtre ; peu importent les « trucs » pourvu que « ça prenne » et qu'il y ait, à prendre. — Des affaires ainsi « montées » les unes sont sérieuses et viables, pourtant ; il en reste, Dieu merci ! beaucoup d'autres sont de simples coupe-gorges financiers. L'on peut même dire des meilleures qu'elles ont causé un bouleversement funeste dans le monde du travail (1).

---

(1) On sait quels ont été, dans ces dernières années, les abus et les calamiteux triomphes de la spéculation. La loi du 28 mars 1885, dit, art. 1er : « Tous marchés à termes, sur effets publics et autres : *tous marchés à livrer sur denrées et marchandises* sont reconnus légaux. — Nul ne peut, pour se soustraire aux obligations qui en résultent, se prévaloir de l'article 1965 du Code civil, *lors même* qu'ils se résoudraient par le *payement d'une simple différence*. — Art. 2 : Les art. 421 et 422 du Code pénal sont abrogés ».

Le grand jeu de la finance cosmopolite, peu inquiété d'ailleurs jusque-là, malgré la jurisprudence de la Cour de Cassation, devenait légal. On n'a pas tardé à en voir les effets.

Un projet de loi, dû à l'initiative de M. Michelin, a été déposé pour revenir sur une

Les grandes entreprises ont, néanmoins, réussi. Elles devaient réussir, et, alors même qu'elles soulèvent de justes clameurs, il faut bien se dire que ce n'est là qu'un premier pas, le simple début d'une rénovation inévitable, où la morale finira par avoir son compte. C'est une rénovation à laquelle tout pousse, où tout aspire et dont même sont fauteurs et complices, à l'occasion, ceux qui voient dans ces premiers essais la cause de leur gène et de leur ruine. — Oui, c'est une « rénovation » ; il y a, en ce moment, un départ général pour une réfection complète des vieux cadres industriels et commerciaux ; les individualités doivent y faire place aux associations. Prétendre y faire obstacle, c'est vouloir se faire briser ou submerger, car là est la vérité de l'avenir [1], là le progrès. Le mal présent vient du privilège de fait que les premiers de ces vigoureux organismes devaient vite s'assurer. Armement démodé d'un côté, de l'autre, armes à effet rapide et de longue portée, l'issue n'est pas douteuse.

Nous avons dit pourquoi la crise était plus aiguë chez nous que chez nos rivaux. Nous étions bien outillés pour un mode et des procédés de production qui viennent de faire leur temps. En s'éveillant à la vie industrielle, les pays rivaux ont immédiatement adopté les procédés les plus avancés. Telles, l'armée, la marine d'une jeune nation, grâce à l'adoption des modèles et des engins les plus perfectionnés, peuvent se montrer, tout à coup, avec un formidable aspect. Le temps remet tout au point.

Ainsi, nous étions fiers de nos belles routes, les contrées neuves ont débuté par des chemins de fer ; d'un outillage agricole et hydraulique très satisfaisant, c'est à une savante mécanique à

---

mesure aussi imprudente et qui met une arme si redoutable entre les mains d'accapareurs ou d'affameurs sans scrupules.

La réprobation publique est aujourd'hui unanime. La loi de 1885 aurait dû être modifiée, sinon rapportée. Voir les exemples donnés en note, page 77, et la mention du dernier accaparement des blés opéré en Amérique.

On reconnaît à de tels attentats « l'argent criminel » de Boisguillebert. « le tyran du commerce dont il devrait être l'esclave. »

(1) Nous n'entendons nullement dire que les associations telles qu'on les conçoit. quant à présent, sont le dernier mot de la sagesse économique et sociale. Supposons tous les hommes. sans exception. associés, syndiqués, disons le mot, embrigadés sous les mille bannières des intérêts divers dont ils relèveront : ce sera encore la lutte. et que sera devenue la liberté ? C'est toujours à un progrès d'ordre moral qu'il faut en venir.

vapeur qu'ailleurs il sera fait de suite appel. D'une façon générale, notre fortune était fondée sur l'exploitation de nos propres ressources, l'industrie moderne prend, aujourd'hui, sa matière première n'importe où, au moins coûtant, et la met en œuvre par un outillage très puissant, et, partant, très économique.

Un pays ne peut pas s'enfermer derrière une « grande muraille. » Se battre pour en avoir la paix et permission ? Et ne voyons-nous pas que l'un des premiers objets du traité, car tout finit par là, sera la stipulation du libre commerce et le bénéfice mutuel de la nation la plus favorisée ? — Pour tout peuple aujourd'hui, comme pour tout individu, c'est donc, *volens, nolens*, le commerce avec tout son cortège d'opérations de plus en plus actives et savantes qui s'impose. — Plus de temps la masse du pays mettra à se rendre compte que l'âge est passé des petites boutiques et du petit achalandage, comme il est passé des charettes et des rouliers, plus elle épuisera dans une lutte stérile et sans autre issue que la ruine, une épargne précieuse, gage de succès pourtant, sous ce régime nouveau, et que le régime qui s'achève nous avait léguée dans ce but.

Certes, la grande industrie ruine les modestes ateliers, les grands magasins font fermer les petits ; mais entendrions-nous rester en dehors du progrès commun, et serait-ce avec les procédés veillis et démodés de nos pères que nous pourrions affronter la lutte contre la concurrence de mieux en mieux outillée des pays rivaux ? (1) — « No hay mal que por bien no venga, » est dicton chez nos voisins des Pyrénées (puissent-ils en vérifier l'effet !) Si le producteur et le consommateur, chacun est à la fois l'un et l'autre, peuvent, sans trop différer, se rendre compte de la connexité de leurs intérêts, point ne sera besoin aux citoyens d'offrir au socialisme leur personnalité en holocauste, pour en obtenir le remède de leurs maux présents ; ou, si l'on veut user de ce nom, fort beau d'ailleurs, pour qualifier le régime que les meilleurs esprits appellent de leurs vœux, il s'agira d'un socialisme dont on serait bien peu fondé à prendre ombrage. — L'association largement comprise, librement et honnêtement pratiquée, qu'il

(1) Voir note, page 68.
Voir, notamment, P. Beaulieu, *La Colonisation chez les peuples modernes*. 2e partie, liv. 1er, chapitre 1er.

s'agisse de coopérer à la production ou de s'unir pour s'approvisionner en commun, en vue de la consommation, sera un suffisant remède à tous les maux que nous apercevons. Si l'association peut s'élargir assez pour embrasser, à la fois, la production et la consommation, la solution sera si bonne qu'elle pourra être tenue pour définitive. Les conflits ne seront pas, il est vrai, impossibles, mais rendus plus rares, l'autorité pourra plus facilement intervenir pour les régler conformément aux intérêts généraux du pays.

On se plaint des abus de l'argent, et, certes, il est fait de son pouvoir, si conventionnel pourtant, si précaire, espérons-le, un usage à la fois bien insolent et bien coupable ; mais quelle est donc la vertu de cet argent en dehors de sa prétention de commander aux hommes en leur imposant son intermédiaire ? Le jour où une communauté assez nombreuse de citoyens sera unie par les liens d'une large association, qu'y aura-t-il entre eux désormais ? des comptes, des comptes seulement, et non de l'argent dont l'intermédiaire onéreux ne serait plus qu'un inutile truchement. Et d'ailleurs, alors que tous ou presque tous les travailleurs seraient engagés dans de tels liens, sur quels marchés à esclaves leurs majestés métalliques ou fiduciaires iraient-elles recruter des sujets ? — *Quid non mortalia pectora cogis — Auri sacra fames !* doit-on dire encore aujourd'hui ; demain, si le monde qui travaille savait vouloir, on pourrait, se retournant vers cette majesté de l'or à jamais déchue, lui adresser l'apostrophe de saint Paul à une puissance autrement redoutable : « *Ubi est aculeus tuus ?* » toi qui nous faisais tous marcher comme un troupeau ; « *ubi est victoria tua ?* » toi qui avais tout subjugué et abattu ?

Cette transformation logique, nécessaire, inéluctable, de la production et de la répartition est trop profonde, fait trop brèche dans notre édifice social, pour que son avènement ne s'accompagne de luttes et de souffrances. Tout progrès veut sa rançon, et celui qu'il s'agit de réaliser est tel qu'il n'y en a pas eu de semblables jusqu'à ce jour. Sachons reconnaître, pourtant, que cette transmutation des éléments anciens, ce passage à un ordre nouveau, s'opère à un moment particulièrement favorable de l'histoire de l'humanité.

On a déjà remarqué qu'un des heureux effets de la colonisation est de faciliter, dans une large mesure, la solution de certains problèmes sociaux. Des paroles quelque peu cruelles ont même été dites en cette circonstance. On ne doit point parler de transplanter des hommes comme on fait de certains végétaux : « Emporte-t-on la patrie à la semelle de ses souliers ? » et on ne doit pas les traiter non plus comme un simple bétail de « transhumance », les faisant, suivant les besoins du travail, passer d'une région dans une autre. — La colonisation mérite d'être un acte volontaire, désiré et choisi, et non redouté et subi. Présentée sous son vrai jour, comme un exode vers des terres de promission et de fertile labeur, et non comme une déportation ou une relégation déguisée, l'émigration coloniale reste le moyen le plus efficace et le plus humain pour sortir de telles impasses où le processus économique se voit parfois acculé. C'est la meilleure issue à donner aux situations trop encombrées. — En les conjonctures où nous sommes, elle nous offre le remède vraiment idéal, celui qu'il faut préconiser sans relâche et adopter sans retard.

L'élimination forcée de toute une légion de petits commerçants et commissionnaires dont le rôle est bien diminué et qui deviennent de plus en plus surnuméraires et parasites dans le monde du travail, va, suivant l'expression des économistes « libérer du travail, » beaucoup de travail. — Si nous avions, hors de nos frontières, des marchés assurés pour nos achats et des débouchés certains pour tous nos produits (1), il n'est pas douteux que l'industrie aussi bien que l'agriculture pourraient largement occuper tous les bras qui se trouveraient ainsi disponibles. Il n'y a qu'à voir la puissance d'emploi de certaines régions de notre pays, de l'Angleterre, de la Belgique et de l'Allemagne, transformées, à cause de certains avantages naturels ou acquis, en vastes ateliers de production. Il n'y a qu'à songer à la puissance rémunératrice du sol et à ses exigences comme main-d'œuvre, lorsqu'on peut y pratiquer les méthodes de la culture intensive.

Mais le problème n'est pas, seulement, dans une réorganisation économique et sociale à opérer à l'intérieur de nos frontières, le moment est venu pour nous de saisir sur le globe la part d'héritage qui revient à notre nation. Cest un partage où il y a procès et dis-

(1) On sait que la tendance générale est d'un effet tout contraire. L'Angleterre sur qui, en pareil cas, il faut toujours avoir les yeux, car par sa formidable avance, elle fait encore la loi dans le monde économique, rêve pour son profit et sa défense, d'un vaste « zollverein » anglo-saxon. Ses colonies, en effet, semblent l'y inviter.

pute, n'allons pas nous laisser *forclore*. — Cette action extérieure, qui est nécessaire et urgente, vient à point nommé pour servir d'aliment aux forces qu'une réforme intérieure, déjà commencée, va rendre disponibles. Telles vont rester, d'ailleurs, les exigences du travail national et si vaste est notre œuvre coloniale que les ressources actuelles de notre population sont manifestement insuffisantes et que la faculté qu'il est le plus urgent de restaurer dans notre pays est celle de sa fécondité.

Ainsi, grâce à la tâche coloniale qui nous incombe, peut se poursuivre, sans aucune crainte, l'œuvre d'élimination de classes nombreuses d'intermédiaires devenus purement parasitaires [1]. — Le bénéfice, remarque bien importante à faire, sera double : non seulement les émigrants fonderont dans nos colonies des établissements, des exploitations, où ils trouveront la fortune, mais un commerce abondant de matières premières à bon marché, venant alimenter les industries de la métropole, la situation des travailleurs y sera fortement relevée et le nombre pourra s'en accroître.

II. — Une ombre, toutefois, se projette sur cette perspective. Métiers jusqu'ici utiles, négoces honnêtes, tout ce qui est petit ou médiocre se trouve présentement menacé par la production en grand et par de puissantes entreprises de vente ou de commission ; leur chûte semble même devoir être consommée avant que ne surgissent les grandes œuvres de l'association qui feront à leur tour disparaître ou plutôt qui transformeront les grands magasins et les vastes usines patronales, d'où il suit qu'il est d'autant plus urgent de voir les classes ainsi menacées se retourner vers le travail colonial et les terres de nos nouvelles France. — Tout cela est dans l'ordre, mais pourquoi faut-il que la seule forme vraiment répréhensible de l'industrie individualiste, soit aussi, non seulement celle qui se défendra le plus aisément, mais celle qui semble devoir quand même survivre et prospérer, si la législation et les mœurs ne viennent y porter remède. Cette industrie est celle des boissons, c'est-à-dire, des spiritueux, de l'alcool, qui en forme le principal aliment et la base.

(1) Non qu'il y ait lieu d'y puiser, à même, des éléments de colonisation lesquels doivent être recherchés dans tous les milieux, à proportion des vocations qui s'y rencontrent. Mais le résultat est, au fond, identique.

Chacun sait quel grave danger ce mot seul suffit à évoquer. Quel mal ! quel fléau ! Moralistes, hommes d'Etat, économistes, savants, corps et associations de toutes sortes, familles et jusqu'aux victimes elles-mêmes [1] de cette funeste passion, il n'y a qu'une voix pour reconnaitre ou signaler le péril tout moderne mais si redoutable de l'alcoolisme. C'est de ce monstre, car, méritant ce nom, en fut-il de plus formidable ? qu'on pourrait répéter l'apostrophe que Marius Tullius, dit Cicéron, jetait à la tête d'un fameux anarchiste de son temps : *Senatus hæc intelligit, Consul videt, HIC tamen VIVIT !*

Oui, il vit l'alcoolisme et, tout comme le conspirateur qu'on foudroyait ainsi *ex abrupto*, il va au Sénat (et même à la Chambre) ; les Consuls le reçoivent, le Fisc et l'Ærarium le traitent avec un soin jaloux.— Pourrait-il en être autrement ? Les Finances, c'est le tout de l'Etat, et l'équilibre des Finances, c'est Lui. Du moins on le déclare [2]. Il y aurait, assure-t-on, sans lui, un trou béant que rien ne saurait combler.

La Crète offrait au Minotaure la dîme de sa jeunesse, nous, nous offrons au Fisc, qui a adopté l'alcoolisme, la dîme de notre race : plus que la dîme, assurément. — Si quelque effroyable Magie chargeait un dixième d'entre nous de toutes les maladies, tares et dégénérescences engendrées par l'alcoolisme et en faisait les émissaires du fléau, pour restaurer l'autre part de population dans sa saine et primitive vigueur, derrière l'horreur d'un tel sacrifice, il faudrait nettement apercevoir la plus grande gloire et la plus grande force de notre patrie. En réalité, d'ailleurs, notre race est plus que décimée par l'alcool et le mal nous reste et s'aggrave.

Que ne devrait-on pas essayer pour réduire la consommation et la ramener en deçà de l'abus ? Ne suffirait-il de traiter l'alcool pour

---

(1) Edgard Poe a dit : « Quel mal est comparable à l'alcool ! » « L'alcoolisme, écrit un autre *intoxicated*, fera plus de mal à l'humanité que ne lui en firent, depuis le commencement du monde, les guerres et les persécutions les plus atroces. »

(2) Nous croyons, au contraire, que ce qui manquerait des 270 millions actuellement fournis par l'alcool (156 francs par hectolitre), pourrait et devrait être trouvé ailleurs. Un pays sain doit se passer d'impôts immoraux, qui ne sont que des amendes à forfait pour avoir licence de fournir aux vices. L'Etat ne doit pas avoir besoin « de manger de ce pain-là. » Ici, d'ailleurs, en conjurant une déperdition économique qui est énorme, on accroîtrait d'autant la richesse publique et, par là même, la matière imposable et son rendement.

ce qu'il est en réalité, pour un poison ? D'autres pays se sont trouvés menacés comme nous le sommes à présent ; les efforts accomplis pour conjurer le fléau ne sont pas demeurés stériles : propagande morale, limitation des débits, monopole de fabrication, de vente ou de rectification, élévation des droits, voilà tout autant de correctifs... et il reste encore la prohibition. Le premier moyen doit, d'ailleurs, venir au soutien des autres et c'est surtout la jeunesse et l'enfance qu'il faut prémunir ainsi. — Les sociétés de tempérance semblent beaucoup réussir chez les Anglo-Saxons et les « tea totalers » n'y font pas plus sourire que les « salvationistes » ou salutistes. — Il faudrait être, chez nous, moins théâtral ; c'est aux maîtres, aux instituteurs qu'on doit d'abord s'adresser.

Le décret du 29 décembre 1851, réglementant l'ouverture des cabarets et débits, et la loi du 17 juillet 1880 (1) en faisant une industrie absolument libre, moyennant une simple déclaration, ont été, sans doute, deux mesures davantage inspirées par des considérations d'ordre politique que, l'une par le souci de la moralité et l'autre, de la liberté. — En 1851, on voulait frapper des « lieux de réunion et d'affiliation pour les sociétés secrètes » : ce sont là les termes du décret lui-même. En 1880, on n'a peut-être pas été indifférent à des préoccupations électorales. Il en est de la destinée des grands et beaux mots, comme de celle des plus glorieux pavillons : ils couvrent souvent de la contrebande. — Quant aux Anglais, ils ont fortement supprimé des débits ; ils ont à présent, des « gin-palaces. » Chez nous aussi, d'ailleurs, le luxe des cafés devient scandaleux. La limitation doit fournir un moyen indirect d'agir sur la consommation, car, en permettant d'exercer une surveillance sérieuse sur la qualité des alcools mis en vente, elle ferait exclure les plus mauvais ; plus chère, la consommation diminuerait, le mal serait ainsi réduit par deux côtés à la fois.

(1) Depuis la loi de 1880, l'augmentation de la consommation alcoolique a été sensiblement plus forte qu'elle ne l'avait été pendant la période de cinquante ans antérieure à cette mesure : l'alcool ayant été, néanmoins surtaxé, cette indication est caractéristique. — L'excellente loi du 23 janvier 1873, due au zèle généreux d'un magistrat éminent, M. Falconnet, est un exemple bien probant de l'insuffisance des règlements auxquels manque le soutien des mœurs. Les pénalités dont y sont menacés les ivrognes n'eussent pas été, sans doute, d'un grand effet ; il en est autrement de celles qui frapperaient les débitants, *si on voulait sévir contre eux*. Cette loi, qui doit être et qui est affichée partout où l'on boit, ce n'est pas assez de dire qu'on ne la lit pas, *on ne la voit plus*.

Quelques chiffres vont montrer l'idée qu'il faut se faire de notre situation devant l'alcoolisme. La plupart, ainsi que les citations dont nous nous servirons, sont empruntés au rapport déposé le 17 avril 1897 sur le bureau de la Chambre, à l'appui d'un projet de Loi organisant le monopole de la rectification. — En 1894, le nombre des débits, Paris compris, était de 450.000. Un huitième de la population, dit M. Franck, dans son ouvrage *l'Alcool et la Femme* : débitants de tout nom, récoltants, bouilleurs de crû, tonneliers, verriers, agents de transport, etc., vit de l'alcool ou y trouve son principal intérêt. — En 1830, le nombre des débits n'était que de 282.000 ; il est de 351.000 en 1865, pour un chiffre de population sensiblement égal à celui d'aujourd'hui. Depuis 1865, alors que, dans les grandes villes, la consommation du vin et du cidre a diminué, celle de l'alcool a augmenté de 60 p. 0/0. Elle était de 1 litre 1/2 par tête en 1830, elle est aujourd'hui de 4 litres 50. Si on additionne, et cela semble nécessaire, l'alcool contenu dans les boissons dites « hygiéniques, » on obtient le chiffre formidable de 14 litres [1]. La Hollande, le Danemark, la Belgique, la Suisse, l'Allemagne, l'Angleterre, la Russie, les pays scandinaves, toutes contrées qui avaient ou ont la réputation de beaucoup boire, se trouvent ainsi sensiblement distancés. — Nous avons actuellement un débit par 77 habitants, en défalquant le nombre des femmes, des enfants, des malades ou hospitalisés, de la plupart des personnes vouées à l'état religieux, etc., on aurait la proportion moyenne vraie d'un débit pour 35 personnes usant de l'alcool et une consommation effective de 40 litres d'alcool pur à 100°. — Dans beaucoup de loca-

---

(1) Au Congrès international réuni à Bâle en 1896, il a été reconnu que la moyenne de la consommation alcoolique, était en France, de 13 l. 81. Venaient ensuite : la Suisse avec un total de 11 l. (la natalité n'y est que de 25 p. 0[0) : la Belgique, 11 litres ; l'Allemagne, 9 l. 84 : l'Angleterre, 9 l. 23 : la Suède, 4 l. 30 : la Norwège, 3 l. 31. Ces deux pays ont, non seulement des natalités très élevées, mais ils sont ceux aussi où la mortalité est la plus faible. Le système de Gothenbourg y a fait merveille. Le nombre des débits a été énormément réduit et les marchands ont été intéressés à la vente des boissons saines ou à peu près inoffensives : l'alcool est, au contraire, vendu, pour être emporté, à un prix marqué et imposé, ne laissant, pour ainsi dire, aucun bénéfice.

En France, les départements où « on meurt le plus » sont ceux où « l'on boit le plus ». Notre mortalité générale (22.5) est d'ailleurs élevée. Pour une population à peu près égale, l'Angleterre perd annuellement 100.000 personnes de moins (de 730 à 740.000 décès contre 830 à 850.000 pour la France). En Suède et en Norwège la mortalité n'est que de 17 p. 1000. C'est la plus faible observée sur le globe. Le chiffre des naissances y est le *double* de celui des décès.

lités des Flandres, de la Normandie et Cotentin, de la Bretagne, la consommation journalière d'un ouvrier ou marin atteint, dépasse parfois, un demi-litre d'eau-de-vie. — Le cabaret absorbe largement la moitié du salaire.

Les résultats? Ils sont terrifiants ; ce n'est pas trop dire. L'alcoolisme cause des désordres profonds dans l'organisme ; il abat les forces, ruine la santé, abrège l'existence et altère la raison elle-même. C'est un véritable empoisonnement, et de tous le plus redoutable. Il frappe l'esprit et la raison aussi bien que le corps et, viciant la vie dans ses sources (1), atteint la race à travers l'individu. « La nature, avide de se débarrasser des faibles, procède ici, dit le Dr Legrain, avec une rapidité sans pareille. Dans l'espace de 3 ou 4 générations, au plus, on voit des familles disparaitre complètement ».

Il y avait 11.500 aliénés en 1835, 36.500 en 1865-69 ; avec un chiffre égal de population, on en compte aujourd'hui 60.000. Quelle autre cause que l'alcool pourrait-on incriminer ? On en boit toujours davantage et il est toujours plus mauvais. 3.400 Français sont, tous les ans, frappés de folie par l'alcool. Joignez-y tous les malades par son fait, les phtisiques surtout, les crimes, les suicides, une mortalité toute spéciale, les désordres, le chômage, la misère sous toutes ses formes et avec tous ses effets et vous aurez le bilan d'une « campagne de l'alcool. »

Envisagerons-nous le « désastre financier et économique ? » Oui, pour que le tableau soit complet. Rien d'instructif, à cet égard, comme le travail, à chiffres assurément très circonspects, que le Dr Rochard fit paraitre en 1886, dans la *Revue des Deux-Mondes*. Ils sont encore bons à citer : « Le prix de l'alcool consommé, à 65 fr. l'hectolitre, atteint 128.000.000 ; la valeur des journées de travail perdues dépasse un milliard ; traitement des malades, des aliénés, répression des crimes, des suicides, tout cela représente un gaspil-

---

(1) « L'enfant conçu dans l'alcoolisme est presque toujours déséquilibré, plus ou moins hystérique et névropathe ; il est voué à la scrofule ou à l'arthritisme, ces deux grandes maladies qui se partagent, de nos jours, l'humanité souffrante » (Dr Barthès, récent congrès de Genève). Le même estime que la recrudescence de la criminalité, les suicides précoces, tiennent au relâchement des liens de famille et au défaut de toute surveillance consécutifs aux fréquentations des cabarets. Cela ne peut etre contesté. Dans les classes aisées, n'est-il pas visible à tous que c'est le café et le cercle, où également l'on boit et joue, qui travaillent à tuer le foyer ou à l'empêcher de se former.

lage économique qui n'est pas inférieur à 90.000.000 de fr. On a ainsi une perte indiscutable de plus de 1.200 millions [1]. Et le produit des impôts et des octrois et toutes les répercussions, tous les dommages matériels et moraux qu'engendre une telle situation ? — On s'effraie à l'idée des malheurs qu'entraîne une guerre, et avec combien de raison ! Cinq ans d'alcoolisme causent des ravages plus funestes qu'une invasion — La véritable force du pays, celle qui réside dans la qualité même de la population, s'en trouve plus gravement atteinte.

Les pionniers, trappeurs, squatters, etc., font marcher le feu devant eux pour nettoyer le pays dans lequel ils veulent s'établir : c'est l' « eau-de-feu » qui fait disparaître les Indiens des deux Amériques, les nègres d'Afrique, les Australiens, les Polynésiens devant l'invasion européenne. Mais ce feu, plus tenace que le feu grégeois et que celui de la tunique de Nessus, ce feu qui consume si sûrement la vie, n'épargne pas ceux qui le produisent et le distibuent. — Pourquoi parler de *moral restraint* pour contenir l'essor de la natalité et le progrès de la population ? Aujourd'hui Jupiter « enivre » ceux qu'il veut perdre et c'est bien là la pire des démences qui puissent désormais atteindre l'humanité.

Cette question si grave de l'alcoolisme tenait de trop près à celle de la population, pour qu'il fût possible de ne pas en parler avec quelque détail. Quelle puissance d'expansion et de contagion possède ce fléau ! On se prend à rêver de cet antique dualisme des principes créateur et destructeur qu'on trouve au fond de toutes les religions : Ahriman des Parsis, Siva des Indous, Seth des Egyptiens, Arès et Mars des Grecs et des Romains, Teutatès des Gallo-Germains, jusqu'au Belzébuth des Juifs et des Chrétiens, le Génie du Mal semble avoir été toujours admis comme une entité. Pour certaine science, ce serait aujourd'hui, plus simplement, l'indifférence de la Nature en matière de création.

On peut, à présent, conjurer la famine et la peste, circonscrire celle-ci quand, malgré tout, elle éclate. Les savants ont trouvé que notre corps était un véritable champ clos livré à des myriades d'agents animés, les uns utiles, les autres malfaisants et leur savoir

(1) On a, depuis, estimé que ce chiffre pourrait être porté à 2 milliards. Les évaluations du Dr Rochard sont certainement trop faibles aujourd'hui.

peut fournir aux premiers des armes efficaces pour livrer le « bon combat ». La guerre elle-même, malgré de barbares retours, ne sévit plus que par accès de plus en plus rares. Elle a été pendant de longs âges, l'état chronique et normal du globe, alors que, clairsemés, les peuples étaient obligés de faire de longues marches pour en venir aux mains et, aujourd'hui, un milliard et demi d'êtres humains se touchent et s'entremêlent, ont entre eux des rapports de tout ordre et de tous les instants et, chez les peuples civilisés du moins, la situation normale, c'est la paix. — Rome ne put fermer qu'une fois le temple de Janus ; l'herbe maintenant aurait le temps de pousser sur son parvis. Tout est donc mieux, beaucoup mieux.

Eh bien ! la paix fût-elle plus absolue et plus ferme encore, le génie de la destruction ne désarme pas. En vain, secondant le vœu de l'éternelle Genèse : « Croissez et multipliez, » l'omniprésente, l' « alma parens » Maïa, « l'Isis aux mille noms [1], » ouvre son sein inépuisable ; nous nous lassons bien vite du naturel, la chimie devient une infernale magie, l'alambic est plus malfaisant que le chaudron des sorcières. L'homme y a trouvé l'ivresse, il la lui faudra jusqu'à la mort. — Il reste, d'ailleurs, éclectique en tout et fidèle au progrès. Il se pourrait que le succès de la morphine (c'est bien plus distingué) ou de tout autre élixir pare-douleur (la saine et salutaire douleur !) fasse tort à l'alcool.

Celui-ci restera pourtant, sans doute, le grand flot de la grande ivresse où des peuples entiers pourront s'abreuver. La science découvre partout de nouvelles sources d'un liquide qui mérite mieux pourtant que de rester un poison. L'industrie en réclame des quantités de plus en plus considérables, et son utilisation, comme agent calorigène ou lumineux, nous promet autant de merveilles que son abus, comme boisson, nous offre de périls. — On « dénaturera », soit, et cette précaution, si tant est qu'elle puisse être généralisée, combien durera-t-elle ? Un jour ne viendra-t-il pas, un jour prochain, où l'eau de feu sera répandue à flots, ainsi que le plus commun de tous les liquides qui puissent se former sous la main de l'homme ? Ce sera terrible... une coulée incessante de poison dont l'incessante suggestion sera peut-être irrésistible. — Quelque alarmiste viendrait nous dire que l'humanité périra

(1) Buffon (*Les Époques de la Nature*).

dans ce nouveau déluge, que la destruction ne s'arrêtera, du moins, qu'au point de son progrès, où, plusieurs fois décimée, l'humanité se trouvera reportée à une ignorante et maladive barbarie, que la conviction pourrait manquer à notre réfutation et que nous redouterions trop que ce pessimisme ne fût que de la clairvoyance [1]. « *Di, avertite omen !* »

Ainsi, plus nous avançons dans cette étude, plus nous voyons se retourner les craintes qu'avant et après Malthus, le monde économiste avait parfois éprouvées. Le progrès, qui fait surgir les forces productrices et rénovatrices, suscite aussi des éléments puissants de destruction. — La production des êtres humains est essentiellement limitée dans sa source et lente dans son mouvement ; les causes qui peuvent les détruire augmentent à la fois de fréquence et d'intensité. Les agents d'extermination deviennent de plus en plus maniables et mobiles, davantage offerts à toute perversité. — S'il ne s'opérait quelque grand progrès moral qu'il faut toujours espérer et auquel même il faut croire, le problème sera bien plutôt de tenir la terre assez peuplée que de garder qu'elle ne le devienne avec excès.

Il en est des maladies du corps social comme de celles du corps humain, le remède doit être souvent un empirisme d'occasion. La profusion des lieux de débit est certainement pour beaucoup dans la propagation du fléau de l'alcoolisme. Nous sommes de l'avis de ceux qui pensent qu'il faudrait en réduire le nombre. Le simple jeu des extinctions y suffirait, avec l'autorisation obligatoire. Nous avons vu que le progrès des grandes maisons ou industries ne ferait pas disparaître ni décroître le commerce essentiellement détaillant du « petit verre, » lequel est, avant tout, une industrie de rue et de quartier. La statistique est probante à cet égard.

En même temps que l'on réduirait, par extinction, le nombre des débits, il faudrait donner à l'Etat le monopole de la rectification de l'alcool ; ce monopole serait même mieux justifié que celui de la préparation du tabac, ainsi que de la fabrication de la poudre, des allumettes et des cartes à jouer. Une interdiction de vente publique, au petit verre, de tout autre produit que de celui qui serait livré par l'Etat, aurait presque le même résultat. L'alcool

---

(2) Voir ci-dessus, p. 83, note 1.

du monopole serait, comme le tabac, vendu à prix fixe ; on aurait ainsi quelque chose d'analogue au système de Gothembourg. On peut, au surplus, essayer de plusieurs moyens : mais dût-on aller même jusqu'à la prohibition, il faut agir sans retard, il y va du salut de notre race, et on ne peut pas espérer que cet excès se guérisse de lui-même.

Trouverait-on qu'il est abusif et même quelque peu humiliant pour un peuple d'avoir, en pareil cas, à attendre son salut de l'action du Pouvoir ? Rien cependant n'est plus justifié que son intervention chaque fois qu'il s'agit d'un mal dont la diffusion et la nocivité tiennent au fait social lui-même. L'intoxication court et se propage comme une pestilence, trouvant son origine et son aliment dans l'existence des formations communautaires que représentent les Etats, et dans leur fonctionnement. Quoi de plus nécessaire, dès lors, que cette intervention du Pouvoir ?

. . . .

Sans prétendre énumérer toutes les causes qui peuvent concourir à ruiner une population (1), comment, après avoir parlé de l'empoisonnement par l'alcool, ne point penser aussitôt à un autre poison bien funeste aussi pour la race, en dehors des désordres moraux dont il est la source, et, peut-être, à raison même de ces désordres. Qui ne reste frappé du spectacle de cette obscénité voulue et froidement calculée de certaine littérature, de certaines publications illustrées et de certaines annonces ou réclames ? Ces feuilles immondes, une criminelle ingéniosité les offre dans toutes les rues, leur fait franchir presque tous les seuils. On réussit à les placer dans toutes les mains, dans celles des adolescents surtout. Chacun s'indigne, des personnages considérables dénoncent le mal, et la pornographie sévit toujours, débordant partout, semant partout la corruption, et stérilisant, par la dépravation, la vigoureuse générosité de la jeunesse. Il y a là un mal qui s'est, assez subitement, développé à l'excès. En peu d'années, une presse spéciale s'est créée

(1) L'émigration rurale vers les villes mériterait, à ce point de vue, de retenir l'attention. Aux champs, petits et vieux, bien des infirmes même peuvent se rendre utiles. Pour la catégorie la plus nombreuse de leurs habitants, la vie de famille est, dans les villes, entourée de mille difficultés. Il faut que l'*instinct du foyer* soit bien puissant chez l'homme pour tenter, malgré tout, d'en former encore dans ces conditions.

qui ne compte pas moins de 50 publications, tirant ensemble à 600.000 exemplaires, sans parler de l'appoint que certains quotidiens politiques apportent à cette œuvre de la plus honteuse spéculation. C'est comme une levée de champignons vénéneux après une pluie d'orage. — Qu'une si abominable industrie, pire même que le proxénétisme, ait pu s'exercer avec impunité, ce n'est pas un petit sujet d'étonnement.

Le Code pénal et la loi de 1881 ont semblé insuffisants pour atteindre ceux qui n'hésitaient pas à tremper leur plume dans cette boue. Pour armer les tribunaux et assurer au pays l'atmosphère de salubrité morale qui lui fait si visiblement défaut, peut-on espérer que la récente Loi du 16 mars 1898 sera suffisante et aura pour effet de réduire un si honteux fléau ? Tout dépendra de l'esprit et de la conviction que l'on mettra à l'appliquer. Aucune arme ne vaut, à l'action, que par la justesse et la vigueur du bras qui doit la manier. On peut, ici, frapper fort, les coups ne porteront que sur les pires malfaiteurs.

III. — Ainsi, avons-nous dit, au début de ce chapitre, une évolution économique se traduisant par une grande concentration d'outillage et de capitaux, prive de leur emploi une foule d'ouvriers et de producteurs ou commerçants petits et moyens qui se « déclassent ; » il est urgent de leur en trouver un autre, et c'est surtout sur la mise en valeur des pays neufs que l'on doit faire compte. En dirigeant de ce côté l'essor des jeunes générations, on aura atténué d'autant, par avance, la concurrence qu'auraient subie, sur le sol d'origine, les citoyens auxquels leur âge, ou quelque situation particulière, interdisent de songer à émigrer.

L'encombrement croissant des professions et des carrières vient sans cesse ajouter, aux griefs de ceux qui ont déjà vécu et souffert, les impatiences, vite tournées à la révolte, des jeunes générations. C'est un phénomène de véritable auto-intoxication du corps social qui se passe sous nos yeux. — Quelques considérations sur l'éducation que nous donnons aujourd'hui à nos enfants seront ici à leur place. On doit reconnaître que, malgré les judicieuses réformes opérées et, vraisemblablement, parce que les programmes nouveaux n'ont pas pénétré assez avant dans les habitudes du pays, ou, peut-être même, n'ont pas été assez franchement acceptés par les cadres enseignants [1], nous sommes restés, sur ce point, trop « vieux classiques » encore, distribuant à un trop grand nombre un enseignement qui, par sa nature et son aboutissement, ne peut convenir qu'à peu de candidats.

Il fut un temps, trop proche de nous, sans doute, pour que nous ayons pu suffisamment nous affranchir d'idées dont le disparate est devenu pourtant bien vif, où l'instruction était une rareté. On en avait réputation sans trop de peine, et les « capacités » prétendaient, à bon droit d'ailleurs, marcher de pair avec le « cens. » — Nous avons eu depuis le suffrage universel, qui est autre chose que « l'adjonction des capacités » et nous avons l'instruction obligatoire [2], qui aurait pu en être la préparation, mais qui en est, en tout cas, le rigoureux corollaire.

Chose étrange, et telle est la tyrannie des vieilles idées, bien que le moment où l'on a procédé à la diffusion de l'enseignement, étant aussi celui où surgissait un monde économique nouveau caractérisé par la production savante et outrancière, il dût sembler que l'instruction avait à être orientée vers la formation de bons ouvriers d'art et de capitaines d'industrie, il n'en a pas été ainsi. Ce qui a été voulu et réalisé, c'est la continuation, l'épanouissement même du

---

(1) L'enseignement moderne a été une création heureuse, mais mal accueillie par l'Université (L. Bouge rapp. Budg. Inst. pub. 1898, doc. parl. Chambre n° 2697)... « on a pu lui reprocher (à celle-ci) de l'avoir appliqué avec l'intention manifeste de le perdre. » A côté de l'enseignement moderne, l'enseignement professionnel doit être l'objet de tous les encouragements.

Pour P. Bert, l'enseignement secondaire commun devait comprendre les sciences, l'histoire avec la géographie et la connaissance de deux langues vivantes. L'étude des langues mortes ne serait venue que plus tard et comme initiation à l'enseignement supérieur des Lettres et du Droit, sinon de la Médecine. Il est bien évident que, même aujourd'hui, pour la plupart de ceux qui en sont l'objet, la culture des lettres grecques et latines est un luxe inutile et inutilisable.

(2) « Dans l'ordre intellectuel et moral, l'État a le droit d'exiger le minimum d'instruction nécessaire à l'exercice des droits du citoyen... nous sommes tous intéressés à ce que ceux qui partagent avec nous, etc... En vertu du même principe, l'État peut, sans violer la justice et au nom de la justice même, exiger des travailleurs un minimum de prévoyance et de garanties pour l'avenir ; car ces garanties du capital humain qui sont comme un minimum de propriété essentiel à tout citoyen,... sont de plus en plus nécessaires pour éviter la formation d'une classe de prolétaires vouée, soit à la servitude, soit à la rébellion... Il n'y a là aucun socialisme d'État, mais une simple précaution de tous envers chacun et cela au bénéfice de chacun ; les intérêts, sur ce point, sont aussi harmoniques que les droits. » (Alf. Fouillée. *La Propriété Sociale.*)

règne des « classiques » de ceux que Napoléon Ier appelait les « idéologues » (1).

Les peuples qui ont compris autrement le problème de l'instruction ne semblent pas avoir eu à s'en repentir. — Il y avait, dans le second quart de ce siècle, des programmes à faire, des cadres à fixer (2). A-t-on beaucoup mieux fait que copier les méthodes des congrégations enseignantes aux XVIIe et XVIIIe siècles ? On sait ce qu'a produit une éducation aussi peu pratique : des candidats aux carrières libérales et administratives, et, ensuite, des déclassés ou des désœuvrés.

Les organismes se multiplient avec le progrès ; plus de fonctions correspondent à un plus haut degré de vie sociale. Aussi a-t-il pu d'abord être fait un utile emploi des diplômes de l'enseignement. Ce résultat même a été mauvais. La faveur de l'instruction classique est devenue de la frénésie. Il a sévi une telle fureur d'examens et de concours qu'un mandarin même aurait dû en sourire. Il s'y est attaché des idées de droits acquis. L'examen subi, le diplôme obtenu, les parents se retournaient vers l'Etat, semblant lui dire : « voilà un bon sujet ! il a son diplôme, à vous le reste. » De tous côtés, l'Etat a dû ainsi entendre de nombreux : « Prenez mon ours ! » Et il en a pris, l'Etat populaire, l'Etat si mal défendu contre des courtisans qui sont ses maitres aussi : ours savants, demi-savants, ours mal léchés, à profusion, bons à tout, propres à peu.

---

(1) Il est bien loin de notre pensée de méconnaître les services que les belles lettres, les « humanités » peuvent rendre à la société. S'il y a trop « d'idéologues », il n'y aura jamais trop d'idéal.

(2) « Il faut renover un système d'éducation vieilli, dit M. Deschanel (discours) et au lieu de développer chez la jeunesse le goût des emplois monotones et sédentaires, exciter en elle l'initiative et l'énergie individuelles... » Au lieu de faire de nos maisons d'enseignement des usines à mandarins, il s'agit de former des industriels, des commerçants, des colons, de mettre en valeur notre immense empire colonial... »

L'Université (*Revue des Revues*) crée 1.000 licenciés par an pour 200 ou 300 places vacantes dans l'enseignement... 1.800 candidats se font inscrire pour 250 admissions à l'Ecole Polytechnique... L'Ecole Centrale produit chaque année près de 800 ingénieurs civils. Il y a 150.000 brevetés de l'enseignement primaire. 15.000 candidats se disputent à Paris, 150 places vacantes dans les écoles. La capitale possède 3,000 avocats et 2.500 médecins, etc...

Le 3 Juin dernier, en pleine Sorbonne, devant le Vice-Recteur de l'Université de Paris et les Directeurs des trois Enseignements, M. J. Lemaitre qui « n'est bon qu'à écrire » et M. Bonvalot qui ne l'est qu'à « *globe-trotter* », ont pu faire le procès de notre pédagogie et la juger sévèrement. C'est un heureux signe des temps.

Toutefois, ce fonctionnarisme sur lequel la malignité semble avoir si beau jeu, est-il réellement et numériquement excessif? [1] Peut-être, mais bien moins cependant que l'opinion en est. — On croit avoir tout dit en opposant des chiffres pris à des époques différentes. Ainsi, dira-t-on, en 1846 il y avait 188.000 fonctionnaires; il y en avait 217.000 en 1858; 285.000 en 1873; on n'en comptait pas moins de 465.000 en 1896, dont 336.000 pour l'Etat et 129.000 pour les départements et les communes. Le montant de leurs émoluments a passé en cinquante ans de 245 à 516 millions de francs.

Il peut parfaitement se faire, qu'étant donnée la besogne, la besogne utile même, à accomplir, les services publics soient aujourd'hui moins pourvus de personnel qu'il y a cinquante ans. Ce n'est même pas douteux. Prenons au hasard un bureau, un service, un agent: la journée est certainement plus occupée et la tâche plus laborieuse que cela n'était autrefois. Il y a plus d'aptitude aussi et d'exactitude. Le personnel se tient mieux et, depuis le bas de l'échelle jusqu'au sommet, le contrôle est plus actif et plus exigeant.

L'administration des intérêts communs et supérieurs d'un grand pays est une tâche dont l'importance et la complexité ont été grandissant; elle exige à présent un travail et des organes dont on n'avait jadis, ni le besoin, ni l'idée.

Prenons des exemples. Les armées permanentes sont, sans doute, une institution déjà bien vieille; mais a-t-on vu jamais quelque chose de comparable à une situation dans laquelle nous devons tenir 600.000 hommes prêts à se battre, sur terre ou sur mer, et 3 millions de citoyens prêts à courir aux armes, au premier

---

(1) On a entendu souvent demander des diminutions de crédits sur le personnel, proposer des réductions de cadres. On cherche à accomplir la même besogne à meilleur compte et en moins de temps. Il est bien clair que c'est la besogne elle-même qu'il faudrait commencer par simplifier. Tant que subsistera la *fonction*, il y faudra un *fonctionnaire*. La réforme à réaliser devrait: 1° Etre conçue dans le double esprit de déconcentration et de décentralisation qui a inspiré, d'abord, les décrets du 25 mars 1852 et 13 avril 1861, et ensuite les lois du 10 août 1871 et 5 avril 1884. — 2° Associer, dans une large mesure, aux actes d'administration publique les organismes sociétaires qui se forment dans les conditions et sous les contrôle et garantie de la Loi. Ce n'est pas diminuer le Pouvoir central que nous voudrions, mais le dispenser d'agir hors de nécessité et prévenir qu'il ne s'use et ne s'énerve dans toutes les discussions dont une fastidieuse intervention fournit continuellement le motif.

signal. On sait avec quel soin sont présentés et examinés les innombrables détails d'une dépense qui atteint, en chiffres ronds, un milliard, près du tiers du budget. Le service de notre dette publique s'élève, pensions comprises, à près de 1.250 millions (1). C'est là, pour une grande part, le legs de nos guerres passées, une moindre part provenant des emprunts de travaux. — Cette énorme charge représente et dépasse même le tiers du Budget de l'Etat. La perception de l'impôt nous coûte de grosses sommes, pas moins de 370 millions. C'est donc moins d'un milliard que les services civils publics, les services d'administration normale, demanderaient aux contribuables. Dans un pays comme la France cette somme serait, sans peine et sans vexation fournie, par un impôt unique dont la perception serait si facile qu'elle pourrait être aisément confiée à notre principal établissement financier. Il en serait, à plus forte raison, de même du service des paiements, l'intervention de l'Etat se bornant à un contrôle qui pourrait être très simple, tout en étant très rigoureux. Si l'on songe que le fisc, sous toutes ses formes, doit employer une véritable armée qui n'est pas moindre de 100.000 personnes, on voit quelle diminution de dépenses cette réforme permettrait de réaliser. Un avantage économique, bien plus précieux encore, serait de rendre au travail productif la majeure part des fonctionnaires et des agents de notre grande administration financière. L'importance de nos charges ne nous permet pas de songer à une profonde simplification. Des réformes importantes sont pourtant reconnues possibles (2). — Dans les autres services : Travaux, Instruction, Postes et Télégraphes, Administration intérieure, trouvera-t-on trop de fonctionnaires ? Non, certes, surtout si l'on veut, plutôt que la besogne actuellement demandée, considérer ce qui resterait encore à faire d'utile. — On

---

(1) Dette consolidée (Grand livre proprement dit).. 693
Dette remboursable.............................. 321
Dette viagère.................................... 228
} 1.242 millions (Budget de 1898)

(2) On s'accorde à reconnaître que le système de nos impôts, venus à toute heure, et sans aucune méthode, pourrait être remanié et simplifié. Il faudrait garder et fortifier ceux qui sont le plus normaux, établir d'une façon rationnelle un impôt sur le revenu (qui existe à peu près partout en Europe) en adoptant, par exemple, le principe des cédules ; garder les monopoles de l'Etat et lui donner celui de l'alcool. On obtiendrait facilement ainsi un demi-milliard. L'essentiel serait de pouvoir réduire à quelques-uns seulement le nombre des impôts indirects où la surveillance est si coûteuse et la fraude

s'attarde, en effet, à des labeurs, on conserve des procédés qui ont perdu leur raison d'être; des besoins nouveaux surgissent, par contre, auxquels il est insuffisamment pourvu.

Il n'y a pas trop de fonctionnaires, du moins, ne le croyons-nous pas, mais ils sont mal répartis. — Il faudrait une révision, un nouveau départ général de tâches et de fonctions, embrassant tous les services.

Un grand obstacle, dès le début, se dresse pour faire échec à cette réforme. — Si le principe de la séparation des pouvoirs est un de nos grands dogmes politiques et s'il règne sans conteste (entre deux révolutions), il en est un autre qui, pour ne pas figurer dans nos chartes publiques, n'en est que mieux respecté en tous temps et sous tous les régimes, c'est l'intangibilité et l'impénétrabilité des cadres de nos divers services publics. Non seulement, et à ce point de vue, chaque Ministère forme une sorte d'Etat dans l'Etat, mais, en outre, tous les services d'un même département ministériel sont hermétiquement fermés les uns aux autres.

Il se peut, cela arrive, c'est l'évolution de tout qui le veut ainsi, que dans un Ministère, dans un service, il y ait pléthore de moyens pour une besogne désormais diminuée ; ailleurs, et ce sera le cas plus fréquent, les agents manqueront pour un service nouveau ou nouvellement développé. Dans le premier cas, la défense des droits acquis (et combien c'est naturel !) s'armera de tous les prétextes, pour prévenir des réductions ; on ne songera, dans le second, qu'à créer un corps nouveau ou à augmenter les cadres des anciens ; on fera ainsi des « fournées » de jeunes agents dont un sort meilleur eût été de se tenir en dehors du fonctionnarisme. — L'assistance mutuelle des services publics, la solidarité administrative, n'existent pas encore. Dans les corps de la nature animée, l'organe surmené emprunte aux organes voisins moins occupés que lui; il n'en est pas de même dans le corps politique.

---

si facile et si démoralisatrice. On s'en tiendrait à des droits assez légers, portant sur peu d'actes et de produits ou denrées(a). Chacun s'y soumettrait avec docilité. Dans son traité de la Science des Finances, P. L. Beaulieu a, en l'appuyant par des arguments qui nous semblent irréfutables, préconisé cette réforme. C'est même là une des principales conclusions de son ouvrage. Elle mérite d'être retenue.

(a) De près de 300 articles, l'Angleterre, à force de simplifier, en est venue à ne plus avoir que sept ou huit objets de consommation imposés.

L'armée, une armée énorme, est une nécessité que la situation internationale nous imposera pour longtemps encore : or, cette armée qui creuse une brèche si large dans la production nationale, recèle pourtant une force économique et civilisatrice inestimable. Dans trois ans, on peut faire, non seulement des soldats, mais de fort utiles, de parfaits citoyens. Pour tous les jeunes gens qui vont en faire partie, l'armée pourrait fonctionner comme la plus précieuse des écoles, non seulement dans le sens de l'instruction générale ou pédagogique, mais encore et surtout, au point de vue professionnel. Le dévouement, la science ou le savoir des officiers et des gradés ne seraient pas au-dessous de cette tâche [1].

Parlerons-nous encore d'un autre grand service public, celui de la Justice ? Ici le concert des récriminations est vraiment formidable. Quel énorme et coûteux et lent appareil ? Et pourtant, ironique démenti à l'adage : « tant vaut l'homme tant vaut la fonction », quelle science et que de probité dans le personnel ! S'il faut des réformes dans ce service, il suffit, pour être édifié à ce sujet, d'écouter les magistrats eux-mêmes, d'écouter ou de lire les harangues annuelles des rentrées des Cours et Tribunaux. Nous n'ajouterons pas ; *e pure si muove* ! » nous sommes, ici, semble-t-il, dans le temple même de l'inertie ! Et les abords de la Justice ? C'est là et dans les professions médicales que l'on peut voir les plus caractéristiques effets de notre système d'instruction : 12 à 15.000 avocats, 3.500 avoués, 4.000 notaires, agréés, etc., 8.000 huissiers (des gradués aujourd'hui), plus de 20.000 personnes, sans compter des milliers de clercs, courtiers etc., et les agents

---

(1) A un autre point de vue, nous ferions remarquer toute la bonne utilisation dont serait susceptible le personnel que les deux Ministères militaires mettent tous les ans à la retraite, soit d'office, soit sur demande. Le nombre de ces mises à la retraite est très considérable. L'âge varie, la plupart du temps, entre 40 ou 50 ans. — Pour ne plus avoir goût au métier des armes ou pour ne plus être en état de faire le coup de feu ou de s'expatrier en pays chauds et lointains, on peut ne pas être moins apte à rendre de bons services civils et normaux. Il s'agit d'un personnel qui a de l'instruction et qui offre de très bonnes garanties morales. Combien sont nombreux les postes que des candidats de cette provenance pourraient occuper, combien peu lui restent ouverts ! Une telle situation est aussi antiéconomique que possible. — Une foule d'emplois sont, on le sait, réservés à nos sous-officiers. Ne pourrait-on faire mieux encore ? Quels excellents maîtres primaires feraient la plupart des sous-officiers entre 30 et 35 ans ! Quelle économie de jeunesse et d'argent si on adoptait un tel recrutement, et quel stimulant pour composer les bons cadres inférieurs régimentaires qu'on a tant de peine à organiser !

d'affaires (les « marrons » de la profession) vivent à l'ombre des prétoires. — Esculape réunit presque autant de fervents que Thémis. Il y a bien en France 15.000 personnes faisant profession de l'art si noble, et par le fait, bien avili, de guérir. Le prélèvement direct que le monde de la Justice opère sur le revenu national n'est pas moindre de 300 millions. Quant à l'Etat, l'art d'« ajuster les procès » (1), le domaine odieusement fertile du formalisme procédurier, qui de son horrible nom s'appelle « la chicane » lui rapporte près de 700 millions. Et le prélèvement opéré pour faire vivre trop de Médecins et trop de Pharmaciens, comment l'évaluer?

Ce qui achève, enfin, de donner le plus fâcheux aspect à notre vie publique, c'est bien la centralisation excessive dont on demande, depuis longtemps déjà, à desserrer les liens. Cette centralisation a été construite et façonnée comme une arme toute puissante pour faire successivement disparaître, d'abord les abus de la féodalité, puis ceux du régime ancien, puis les excès révolutionnaires (2), et ensuite, à leur tour, les excès de la réaction impériale ou monarchique. Elle se trouve sans doute encore (3), malgré les attaques qu'elle subit de toutes parts, maintenue, en même temps que par le poids des situations acquises, par le souci d'opposer une digue aux impatiences que chacun connait. Nulle illusion à garder, d'ailleurs,

---

(1) Il existe (Code de Proc., L. III, art. 1.003 à 1.028), un titre unique sur les arbitrages, dont les dispositions sont un modèle de sagesse et donneraient toutes facilités pour régler *amiablement* les procès ; l'esprit et la lettre en mériteraient la plus large diffusion. Aujourd'hui surtout que les études juridiques sont en grand honneur, les « futurs » plaideurs bien inspirés trouveraient sans peine, à côté d'eux, les conseils désintéressés dont ils pourraient avoir besoin. Les *juges de paix* auraient là une véritable mission à exercer.

(2) « Aveuglée par sa passion contre les Intendants (M. Aucoc), l'Assemblée Constituante poussa la décentralisation administrative à l'excès. » — « On brisa de parti-pris l'instrument exécutif » (Taine). Par mesure « révolutionnaire, » la Convention prit le contre-pied de ce système (V. Hauriou. — Répertoire de Droit administratif, Décentralisation).

(3) On sait qu'il s'est formé une « Ligue de décentralisation. » On lit dans les statuts que son programme doit être de... diminuer l'action du pouvoir central en augmentant les attributions des communes, des départements et autres groupes régionaux. — Contribuer au réveil de la vie sociale... à l'accroissement des libertés publiques. — Obtenir, dans cet ordre d'idées, la réforme des services administratifs. — Revendiquer la liberté d'association et les moyens de développer les initiatives privées (V. docum. parlem. Chambre. N° 2.318).

Il est juste de constater avec M. E. Laferrière (Juridiction administrative), qu'« à ce mouvement de *décentralisation* correspond, dans les Etats les plus décentralisés,

si celles-ci venaient à triompher. L'Etat collectiviste et patron de tout, serait une affreuse geôle. Ce serait le moment d'aller coloniser le Sahara pour y jouir, à la façon des Bédouins, des restes d'une liberté dont le flambeau serait bien près de s'éteindre.

Et pourtant nous étouffons sous une masse énorme de lois et surtout de décrets et de règlements dont la principale raison d'être est un motif de centralisation. Tout est paralysé, les initiatives avortent. Dans les organes locaux de l'action, c'est la langueur et l'anémie ; au centre, à la direction, c'est la congestion, c'est, comme à d'autres points de vue, d'ailleurs, « l'hypertrophie parisienne, » un des maux les plus graves dont souffre le pays.

La mise en action des responsabilités individuelles, les seules effectives, le franc laisser-faire de qui veut bien faire, les chères « libertés locales » que d'autres pays, depuis si longtemps, connaissent et pratiquent, comment nous en procurerons-nous le bienfait ? Même sous le gouvernement de son Tsar autocrate, la Russie se trouve, au point de vue des libertés provinciales et communales, dans une situation à laquelle nous sommes obligés de porter envie. Ni la loi du 10 août 1871, ni celle du 5 avril 1884, organisant nos Assemblées départementales et municipales et élargissant les attributions, ne nous en fournissent l'équivalent. — Malgré les changements si profonds que le progrès des idées et des découvertes a provoqué dans ce qu'on pourrait appeler : l'aménagement matériel et moral du pays, nous vivons de la même vie publique qu'il y a cent ans.

C'est que, si l'on commence d'abord par recruter les hommes pour les fonctions, les hommes ne tardent pas à en devenir la principale raison d'être. Qu'en sera-t-il de cette tendance et de ses abus dans un état populaire ? Ce que sera l'autorité. C'est là ce qu'il faut fortifier, et il n'y existe aucune antithèse avec la liberté.

Il suffirait de juger à ce jour particulier de l'utilité finale des fonctions (le bien, non de quelques-uns, mais de tous), nos divers services publics, et, sans doute aussi, nos institutions elles-mêmes,

---

un mouvement inverse de *concentration*... L'objectif commun de ces deux tendances semble, dit-il, être également éloigné de la concentration excessive et de l'extrême décentralisation ».

Diverses propositions émanant de l'initiative parlementaire ont eu la décentralisation pour objectif.

pour reconnaître que tout comporte des réformes et en apprécier la mesure. Des réformes ! dans ce pays verbeux et parlementier de l'*argutè loquendi*(1) il en est si souvent question et si longtemps, que le propos seul finit par en être insupportable.

. . . .

Ce n'est pas sur une pensée de critique et de découragement, mais bien avec des motifs d'espoir et sur des paroles de confiance qu'il convient d'arrêter ici les considérations d'économie sociale qui ont fait l'objet de la première partie de cette étude. — En effet, « un monde nouveau surgit déjà sous nos yeux. Le » principe d'association, après des tâtonnements d'un demi- » siècle, s'organise enfin de toutes parts. » Ainsi s'exprime M. Paul Deschanel dans une introduction au recueil de ses discours qu'il vient de faire paraître sous le titre de *Question sociale.* — Après avoir rappelé, fort à propos, la confiance de Littré que « les ouvriers prendront de plus en plus la direction de leurs destinées, » le futur président de la Chambre des Députés concluait ainsi : « Conduits par l'idée plus que nationale, vrai- » ment humaine, qui a toujours fait la force de la France, l'idée » de la justice, nous travaillerons à édifier cette *république du* » *travail, cette cité nouvelle déjà vivante dans nos consciences* ». — « Ceux-là ont, en effet, une vue singulièrement courte, » dirons-nous avec le même auteur, « qui s'imaginent que l'organisation » actuelle du travail est immuable ; que le salaire restera éter- » nellement fixé tel qu'il est aujourd'hui ; que les rapports entre » le capital et le travail obéiront toujours aux mêmes lois ». — La vérité est que « nous nous trouvons en présence d'anti-

(1) Les Gaulois aiment avant tout, dit César, *rem militarem et argutè loquendi.* Nos goûts ont peu changé.

Infirmitatem Gallorum ! C'est le mot cruel, mais bien juste du vainqueur parlant de l'incurable esprit de dispute des peuples gaulois et des divisions qu'il entretenait entre des cités : *Quorum consensu ne orbis quidem terrarum possit obsistere.* C'est encore, un siècle plus tard, le jugement que portera Tacite. — Cérialis dit aux Langons : « Il y eut toujours des factions et des guerres civiles dans les Gaules, jusqu'au jour où vous acceptâtes nos lois. » — La révolte éclate-t-elle : *Nondùm victoria, jam discordia erat !* — Et cette sentence, lourde comme une pierre tumulaire, par laquelle le profond historien scelle l'avortement et l'abandon des plus généreux projets : *Tædio futurorum, præsentia placuere !*

nomies qui n'avaient jamais été poussées à un tel paroxysme, » et qu'il est urgent de hâter l'éclosion des temps nouveaux dont les meilleurs esprits de toutes les croyances, de toutes les philosophies et de tous les partis se plaisent à saluer l'aurore.

A côté des maux qui nous menacent, il faut savoir découvrir tout le bien qui est en marche et dont chaque siècle, un pas de l'humanité, travaille à nous rapprocher. Le progrès de celui qui finit aura été décisif, s'il nous a fait toucher au port de l'universelle solidarité. Si des pratiques de bon et sain mutualisme peuvent sortir des méritoires efforts qui se poursuivent depuis longtemps, si la protection et l'efficace assistance des petits, des faibles et des vieux peuvent se trouver assurées, ce que nous aurons à saluer sera mieux qu'une aurore. Ce sera le soleil de la charité dans la justice dont nous pourrons bénir les tutélaires rayons. — Il est inutile, il est dangereux, d'en parler avec des menaces et de prêter à cet astre impatiemment attendu, des lueurs et des rutilances dont, si on est excusable d'être circonspect, il serait ainsi bien permis de s'effrayer.

On n'a pas trop, pour le triomphe de l'œuvre dont ce siècle avait fait sa tâche, de tout ce que chacun peut y apporter de bonne volonté. Que ceux qui en ont beaucoup ne fassent pas fi de ceux qui leur paraitraient en avoir en manque et que leur zèle intransigeant ne tourne pas en résistance des concours qui ne demandent qu'à s'offrir. *Messis multa, operarii pauci !* C'est la moisson du globe qui se lève et qui mûrit, il ne faut refuser personne.

Ce qu'on dira de plus beau de notre Histoire, c'est qu'on ait pu l'appeler : *Gesta Dei per Francos*. Puissent les Français ne pas manquer, alors que le moment d'en vivre et d'en écrire le plus important chapitre nous est, à tous, si clairement manifesté !

Au surplus, soucieux de l'avenir, regardons à notre passé. L'évocation de nos aïeux, qui furent grands, n'est-ce pas encore là ce qui peut le mieux nous préparer au rôle qu'il nous reste à soutenir ? Notre peuple a derrière lui vingt siècles d'histoire, il n'a pas besoin d'autres exemples. — Faisons revivre nos meilleures traditions : les traditions sont une force, c'est la vitesse acquise d'une race, et de même qu'il n'en est plus d'aussi anciennes, aucune nation n'en possède d'aussi belles. Mais il faut vivre et faire nombre, pour être forts et faire loi. Il faut, à une population trop stagnante, ouvrir largement une issue vers les territoires d'outre mer et rendre ainsi l'essor à des forces jaillissantes qui se trouvent aujourd'hui comprimées. Chez nous et au dehors, dans la voie du progrès moral comme dans celle de l'expansion politique, un monde nouveau nous appelle, marchons-y d'un esprit nouveau : *Sursùm et longiùs !* Voyons de haut et de loin. La destinée de notre race est en nos mains, elle ne nous appartient pas.

Vu :

Le Professeur chargé de l'examen de la Thèse,

VIGNERTE.

Vu :

Le Doyen,

G. DE CAQUERAY.

Vu et permis d'imprimer :

Le Recteur,

JARRY.

1902 — Nantes. — Imp. F. Salières, rue du Calvaire, 10.

www.ingramcontent.com/pod-product-compliance
Lightning Source LLC
LaVergne TN
LVHW020027170826
845678LV00001B/146

9782329755038